Andiamo... di nuovo !

2

Carmelina Boi-Altomare
Inspectrice Pédagogique Régionale - Versailles

Monique Bourgeois
Professeure agrégée - Nancy

Danièle Gas
Professeure agrégée - Metz

Pierre Méthivier
Professeur agrégé - Paris

HACHETTE
Éducation
www.hachette-education.com

REMERCIEMENTS :
Les auteurs et l'éditeur remercient Clara Moressa
(Professeur certifiée à l'École Alsacienne de Paris) pour ses relectures et suggestions.

MAQUETTE DE COUVERTURE : Laurent Romano / Avis de Passage
MAQUETTE INTÉRIEURE : Laurent Romano / Avis de Passage
MISE EN PAGE : Graphic-Data
ILLUSTRATIONS : Alain Janolle, Frédérique Vayssières
CARTOGRAPHIE : Hachette Éducation

© Hachette Livre 2005, 43 quai de Grenelle, 75905 Paris Cedex 15.
www.hachette-education.com

ISBN 978-2-01-125448-1

AVANT-PROPOS

L'adoption du Cadre Européen Commun de Référence pour les Langues, la parution des nouveaux programmes, mais aussi la rénovation de l'enseignement des langues vivantes exigeaient une nouvelle réflexion quant à la suite de la méthode *Andiamo… di nuovo!*

Les objectifs correspondent toujours à ce que les textes officiels préconisent : « L'élève apprend à communiquer dans une langue authentique et actuelle. Il est entraîné à parler, lire et écrire dans le cadre de situations d'apprentissage qui donnent sens à la langue. » Il importait donc de donner à nos collègues des moyens, à la fois mieux ciblés et plus diversifiés pour mener à bien ces tâches.

Cette refonte de *Andiamo! 2* s'adresse en priorité à des élèves de collège ; elle comporte 12 unités dont les thématiques font suite à celles proposées dans le premier volume et permettent un enrichissement de la connaissance de la civilisation et de la culture de l'Italie. Elle propose plus de dialogues, des textes adaptés aux centres d'intérêt des élèves et au niveau visé dans le cadre d'une structure thématique rigoureuse.

Chaque unité comprend trois doubles pages de leçon, axe central de l'apprentissage, suivies de deux doubles pages d'approfondissement destinées à varier les approches et à favoriser l'exploration géographique et historique du pays.

Dans les pages de leçon, chaque activité est accompagnée de logos qui rendent sa fonctionnalité plus explicite : activités de lecture, d'entraînement à la compréhension orale ou écrite, de production. Un petit carré signale le niveau du cadre ciblé par l'exercice : non pas son degré de difficulté, pour chaque tâche langagière, mais le niveau de compétence qu'il permet d'atteindre et que le professeur peut exiger de ses élèves.

Comme la méthode *Andiamo!*, *Andiamo… di nuovo!* repose sur la souplesse de la progression et la pluralité des démarches : le professeur peut construire, à partir des supports proposés, le parcours qui l'aidera, face aux obstacles que peut rencontrer une classe, à atteindre les objectifs fixés par les programmes. Elle prend en compte la diversité des publics, l'éclectisme des centres d'intérêt des élèves, mais aussi les impératifs d'un apprentissage qui se doit d'allier plaisir et rigueur, s'il veut être efficace.

Nous remercions tous ceux qui, par leurs remarques constructives, nous ont permis de mettre à la disposition des collègues, un outil toujours plus riche et attrayant.

Enfin nous souhaitons à ceux qui nous rejoignent de trouver dans ces pages ce que nous y avons mis : le plaisir de partager et l'ambition de la réussite pour nos élèves.

Les auteurs

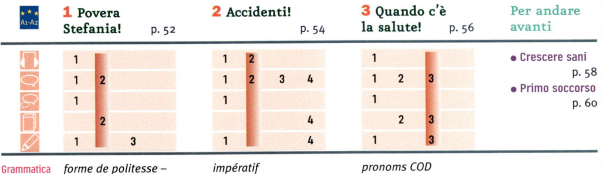

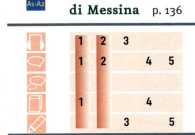
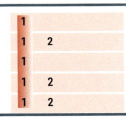
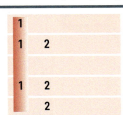

Vacanza studio

A1 🎧

Ugo: Pronto? Chi parla?
Matteo: Sei tu Ugo? Sono Matteo.
Ugo: Matteo! Che piacere sentirti! Allora, dimmi!
Matteo: Beh, per ora cerco di ambientarmi. Mi trovo a Oxford da cinque giorni e provo ancora qualche difficoltà ad adattarmi alla vacanza studio.
Ugo: Cosa vuoi dire? Non ti piace la città?
Matteo: Sì, Oxford non è male ma siamo tutti stranieri e mi manca il contatto con i giovani inglesi. Mi sembra quasi di essere a scuola! Senti un po': la mattina, dalle nove alle tredici, lezione (d'inglese come lo puoi immaginare), poi pranzo; il pomeriggio partiamo per le gite organizzate. Alle sette e mezzo, torniamo nelle nostre famiglie per la cena.
Ugo: E la sera, cosa fai?
Matteo: Sai che la mamma non mi ha dato il permesso di uscire dopo cena, quindi rimango in casa.
Ugo: Come ti trovi nella tua famiglia inglese?
Matteo: Non posso lamentarmi; sono davvero simpatici. Fanno tutti sul serio, perfino i due bambini mi correggono!
Ugo: Guarda, Matteo, che qualche progresso nella lingua di Shakespeare lo fai senz'altro.
Matteo: Spiritoso! Devo lasciarti. Salutami gli amici e a presto!

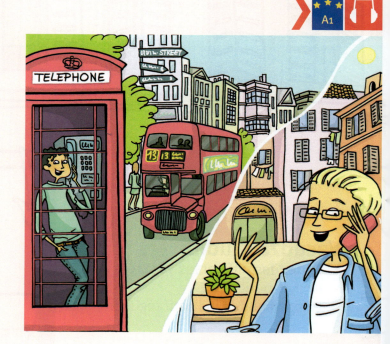

1 Capire e rispondere ▶▶

A1 💬

❶ Dove si trova Matteo? Chi chiama al telefono?
❷ Che cosa fa Matteo in Inghilterra?
❸ Com'è organizzata la sua giornata?
❹ Perché resta di sera con la famiglia?
❺ Quanti bambini ci sono nella famiglia?
❻ Perché può progredire in inglese Matteo?
❼ Hai già fatto una vacanza studio? Dove?
❽ Ti piacerebbe farne una? Dove? Perché?

◆ Pronto? Chi parla?
◆ Che piacere sentirti.

Pronuncia e **ritmo**

2 Ascoltare, reperire e scrivere

Ascolta attentamente il testo della cartolina di Bruno agli amici.

❶ Rispondi:
  a. A chi manda la cartolina Bruno?
  b. Dove si trova Bruno?
  c. Con chi?
  d. Che cosa fa?

❷ Apri il tuo quaderno a pagina 5 e riordina le frasi del testo.

❸ Ascolta di nuovo il testo e segna i tuoi errori con la penna verde. Attento alla punteggiatura!

ESERCIZI P. 5

3 Osservare, descrivere e rispondere

❶ Cerca sulla cartina dell'Italia il lago Maggiore e la città di Arona. Quanti chilometri ci sono da Arona a Siena?

❷ Che cosa fa Bruno? Sua madre? Suo padre?

❸ A casa tua, chi prepara i viaggi? Tu che cosa fai?

Per aiutarti

- addirittura
- la gita
- il pavone
- il percorso
- il secchione
- il traghetto

4 Tocca a te

Telefoni ad un amico (o un'amica) per:
- dirgli(-le) dove ti trovi,
- comunicargli(-le) la data del tuo prossimo ritorno,
- raccontargli(-le) un episodio delle tue vacanze.

Per connettere ≫ poi

Ricordare

- La mattina lezione, **poi** pranzo.

Le présent de l'indicatif régulier ≫ p. 20

- Chi parl**a**?
- I due bambini mi corregg**ono**.
- Part**iamo** per le gite organizzate.

Chi si vede!

Fine del mese di agosto, Siena. Ugo e Antonella si incontrano per strada.
Ugo: Anto'! *(La chiama.)* Ciao!
Antonella: Chi si vede! Ciao, Ugo!
Ugo: Come sei splendida così abbronzata!… Non ti domando come sono andate le vacanze in Sardegna!

Antonella: Infatti, ho preso molto sole: sono stata in spiaggia ogni giorno. Insomma delle vacanze veramente fantastiche. E tu?
Ugo: Io ho lavorato tutto il mese di agosto, come l'anno scorso.
Antonella: Hai dato una mano al campeggio?
Ugo: Esatto, sai che ho un lavoro fisso, aiuto la famiglia di Matteo, faccio il cameriere al bar del campeggio.
(Si salutano.)
Ugo: Ciao! Ci vediamo!
Antonella: Senz'altro. Ciao!

1 Capire e rispondere 〉〉

❶ In quale città si svolge la scena? Dove?
❷ Chi parla?
   Chi sono questi due personaggi?
❸ Di che cosa parlano?
❹ Dov'è andata Antonella?
   Che cosa ha fatto? Racconta.
❺ E Ugo, che cosa ha fatto?
❻ E tu, cosa hai fatto
   durante l'estate?
❼ Generalmente, chi lavora
   durante le vacanze estive?
   Perché?

Chi si vede!

◆ Non ti domando come sono andate le vacanze!

Pronuncia e *ritmo*

2 Osservare e rispondere

ESERCIZI P. 6

1

2

3

❶ Osserva i disegni e ritrova nell'elenco accanto le parole di cui avrai bisogno.

❷ Rispondi alle domande:
  a. Quale vacanza ti sembra più rilassante? Spiega perché.
  b. Quali sono i diversi modi di fare una vacanza sportiva, all'aria aperta?
  c. Ti piace il turismo culturale? Perché?

❸ Nel tuo quaderno, per ognuno di questi tre tipi di vacanza, scrivi una frase per darne i vantaggi e un'altra per citarne gli inconvenienti.

Per aiutarti

- abbronzarsi
- arrampicarsi su per…
- avere il fiatone
- fare il bagno
- fare la fila
- girare per…
- l'ombrellone
- respirare
- salire
- scattare la foto
- sdraiarsi
- visitare

3 Tocca a te

A1

Lavorate in due.
Il tuo compagno di banco ti dice quale tipo di vacanza gli piace e tu devi dirgli subito quali sono gli inconvenienti.
Scambiate le parti e fatti dire dal tuo vicino i vantaggi della vacanza che hai scelto.
Per aiutarvi, ecco alcuni spunti possibili:

- «A me piace piuttosto…»
- «Io preferisco…»

- «Però, guarda che…»
- «Hai ragione perché…»

Per connettere ❯❯ insomma

- **Insomma** delle vacanze veramente fantastiche.

Le présent des auxiliaires ❯❯ p. 20

- Come **sei** splendida! ➔ **essere**
- **Ho** un lavoro fisso. ➔ **avere**

Ricordare

Non ti dico!

Verona, 25 agosto

Cara Antonella,

Eccomi con alcune notizie… Sì, lo so, è anche ora!
Da quando ho lasciato il monte Baldo (e le gite pazzesche
della mamma!), mi trovo a Verona a casa dei miei zii.
Loro lavorano e faccio io da tata a due cuginetti piuttosto
birichini; anche qui, sono vacanze proprio impegnative!
Con Giorgia (10 anni), me la cavo perché è una bambina
allegra e buona ma il suo fratellino (6 anni) è tutta un'altra
cosa: non ti puoi permettere di perderlo d'occhio perché non ha
un attimo di riposo e se non ci stai dietro, ne combina di tutti
i colori. Due giorni fa, ha allagato il bagno, pretendendo di fare
pesca subacquea nella vasca; stamattina aveva in mente di farsi
un'arrampicata dal balcone, insomma… non ti dico!
Per fortuna, Verona è una città davvero piacevole, allora
nei momenti di pausa, ritrovo i nuovi amici che mi sono fatta
e lì giù passeggiate, risate e gelati… Forse (sst, è un segreto)
ho incontrato persino il mio Romeo…
E poi la zia mi ha portato all'Arena a sentire l'Aida:
che spettacolo favolosissimo! E domani mi aspetta il più bello,
come puoi vedere dal programma che allego.
Ti spero bene, sono impaziente di rivederti, ho un sacco di cose
da raccontarti…

Salutami tutti, ti faccio un enorme bacione,

Marina

1. Chi scrive? A chi?
2. In quale città si trova? A casa di chi?
3. Che cosa ha fatto nel mese di luglio?
4. Che cosa fa adesso? Perché?
5. È un lavoro facile? Spiega.
6. Come trascorre il tempo libero?
7. Dove l'ha portata la zia? A che fare?

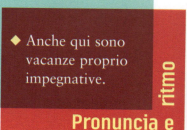

◆ Anche qui sono
vacanze proprio
impegnative.

Pronuncia e ritmo

Agosto 2005
Programma

04 gio	Aida	20 sab	La Bohème
05 ven	Nabucco	21 dom	Aida
06 sab	La Bohème	23 mar	Nabucco
07 dom	Aida	24 mer	Turandot
12 ven	La Bohème	25 gio	Aida
13 sab	Turandot	26 ven	Nabucco
14 dom	Aida	27 sab	Turandot
16 mar	Nabucco	28 dom	Aida
17 mer	Turandot	30 mar	Turandot
18 gio	Aida	31 mer	Aida
19 ven	Nabucco		

❶ Sai dire quale spettacolo andrà a vedere domani Marina?
   Spiega come hai fatto a rispondere.
❷ Quale altro giorno poteva ancora andarlo a sentire?
❸ Di che tipo di spettacolo si tratta? Prova a darne una definizione.
❹ Quante volte viene programmata l'*Aida* nel mese di agosto?
❺ Quali sono gli altri spettacoli proposti?
❻ Come vengono programmati?

3 Ricercare in Internet

❶ Chi è l'autore dell' *Aida* e di *Nabucco*?
❷ Chi è l'autore di *La Bohème* e di *Turandot*?
❸ Qual è l'argomento dell'*Aida*?
❹ Puoi citare altre opere dello stesso compositore?
❺ Cita altri compositori di opere liriche.

Per connettere 》 perfino – da quando

- Ho incontrato **perfino** il mio Romeo.
- **Da quando** ho lasciato il monte Baldo...

Le présent de l'indicatif des verbes irréguliers 》 p. 20

- **dire** → Non ti **dico**!
- **stare** → Se non ci **stai** dietro...
- **fare** → Ti **faccio** un enorme bacione.

Ricordare

Gita in Veneto

1 Osservare, leggere e presentare »»»
ESERCIZI
P. 7

Veneto

Regione formata da 7 province:
- Belluno
- Padova
- Rovigo
- Treviso
- Venezia
- Verona
- Vicenza

Capoluogo: Venezia
Superficie: kmq 18365
Parchi Nazionali: Parco Nazionale delle Dolomiti Bellunesi (1990)

29 %

15 %

56 %

- montagna
- pianura
- collina

❶ Osserva attentamente questa tabella.
❷ Poi, aiutandoti con le informazioni che contiene,
presenta le principali caratteristiche della regione Veneto in 5 o 6 frasi.

2 Ascoltare e rispondere

● Ascolta attentamente e identifica la città alla quale si riferisce ogni presentazione.

1 Asiago

Chioggia 2

3 Padova

Venezia 4

Verona 6

5 Vicenza

Sirmione e il lago di Garda 7

Verona

1 Leggere e rispondere

ESERCIZI P. 7

Tocatì Tocca a te!
Festival Internazionale dei Giochi in Strada

VERONA – [...] Una manifestazione organizzata dal comune in collaborazione con
l'Associazione Giochi Antichi di Verona
[...] invita adulti e bambini, nonni e nipo-
5 ti, famiglie e gruppi di amici a invadere la
città per scoprire le meraviglie di moltissi-
me attività ludiche. Aggirandosi nei vicoli e
nelle piazze di Verona, sarà possibile assi-
stere alle partite degli esperti, o prendere
10 parte in qualità di principiante, a ben 35
diverse discipline. E se giochi come
Aquiloni, Calcio balilla, Salto della corda,
Dama, Scacchi e Tiro alla fune sono arci-
noti alla stragrande maggioranza, ce ne
15 sono altri meno conosciuti e più curiosi,
addirittura antichi, esotici [...]: la Lippa,
gioco a squadre in cui bisogna lanciare e
prendere al volo un bastoncino appuntito,
popolare alcuni decenni fa soprattutto nel
20 Nord d'Italia; il Pallone con bracciale, in
cui bisogna rimandare la palla nella metà
campo avversaria colpendolo con un bracciale, attività che risale al Settecento e viene
celebrata ancora nelle Marche.

25 E ancora il Lancio del formaggio
Maiorchino, che proviene dalla Sicilia, e il
S'istrumpa, lotta sarda [...].
E dato che a furia di giocare, prima o poi
viene voglia di fare merenda, Tocatì (che in
30 dialetto veronese vuol dire tocca a te), ha
pensato di legare la tradizione del gioco a
quella culinaria e musicale. Le osterie della
città offriranno all'ora dell'aperitivo degu-
stazioni gratuite di vini e salumi veneti,
35 mentre nei giardini del Lungadige San
Giorgio, si svolgerà la Cucina del festival,
dove [si potranno assaggiare] piatti tipici
come il risotto con il Tastasàl, i bigoli con
la sardela, la pastisada de caval. Tutto
mentre in sottofondo, nelle vie e nei locali, 40
risuoneranno le note dei gruppi provenienti da varie regioni e Paesi: le melodie vero-
nesi di La Reséla, i canti in dialetto sardo
dei Maria Munserrara [...].
Sarà tutto il centro storico, da cui per tre 45
giorni saranno bandite le automobili, a
trasformarsi in una vera e propria disney-
land del gioco. [...]

Marco CONSOLI, *Corriere della s[...]*,
settembre 2005, www.corriere.it

❶ Perché è importante una simile
manifestazione per la città di Verona?
❷ Apri il quaderno di esercizi
a pagina 7 e rispondi alle domande.

Arena

Anfiteatro Arena

Piazza Bra
Tel. 045.8003204

ORARIO DI VISITA: da martedì a domenica
ore 9-19
(chiusura cassa ore 18.30).
Chiuso il lunedì

Durante la stagione lirica, nei giorni
di rappresentazione, orario 9-15.30

INFORMAZIONI STAGIONE LIRICA:
Arena di Verona: tel. 045.8051861
Biglietteria: tel. 045.8005151
fax 045.8013287
www.arena.it

Il monumento – simbolo della città – deve il suo nome alla sabbia che ne ricopriva la platea nell'Antichità. È il terzo anfiteatro romano per dimensioni (dopo il Colosseo e l'anfiteatro di Capua). L'Arena è sempre stata utilizzata per manifestazioni spettacolari. 5
I Romani lo costruirono nella prima metà del I sec. d.C., per ospitare gli spettacoli di cui erano particolarmente appassionati: i combattimenti fra gladiatori e le cacce agli animali feroci ed esotici. Nel Medioevo e fino a 10 metà del XVIII sec. vi si tenevano giostre e tornei. Dal 1913, l'Arena è diventata sede del più importante teatro lirico all'aperto del mondo, con la possibilità di offrire fino a 15 22.000 posti (in epoca romana si suppone si arrivasse a circa 30.000 posti).

❶ Prima di leggere, ascolta il testo e scrivi le date che senti.
❷ Riassumi poi le diverse funzioni che ha avuto l'Arena nel tempo.
❸ Immagina un dialogo tra un turista che vuole visitare l'Arena e il (la) dipendente dell'ufficio informazioni. Cerca di usare il maggior numero di informazioni proposte.

Piazza delle Erbe

La piazza ricalca l'impianto dell'antico Foro Romano e per secoli è stata il centro della vita politica ed economica della città. La zona centrale (il cosiddetto «toloneo») è ancor oggi animata da un colorato mercato. Tra le bancarelle con ombrelloni bianchi si ergono colonne e monumenti.

● Quale funzione assumeva questa piazza in passato? E oggi?

Grammaire et exercices

Il y a de nombreux verbes irréguliers. Cf. tableau de conjugaison p. 178.

1 Le présent de l'indicatif

	verbes auxiliaires		verbes réguliers			
	essere	avere	parlare	ripetere	partire	finire
io	sono	ho	parlo	ripeto	parto	finisco
tu	sei	hai	parli	ripeti	parti	finisci
lui / lei	è	ha	parla	ripete	parte	finisce
noi	siamo	abbiamo	parliamo	ripetiamo	partiamo	finiamo
voi	siete	avete	parlate	ripetete	partite	finite
loro	sono	hanno	parlano	ripetono	partono	finiscono

2 La phrase interrogative

On distingue deux types de phrase interrogative :

- La phrase qui ne se différencie pas de la phrase affirmative.

On peut se contenter de répondre par sì ou par no.

Seuls le point d'interrogation (à l'écrit) et l'intonation (à l'oral) la signaleront.

→ Vai a comprare le cartoline?

– Sì (ci vado subito). / – No (ci va la mamma).

- La phrase qui commence par un mot interrogatif amenant une réponse précise.

Voici quelques exemples :

→ Dove vai?
– Vado al cinema.

→ Come ti chiami?
– Mi chiamo Gianni.

→ Perché mangi?
– Mangio perché ho fame.

→ Quando arriva Bruno?
– Bruno arriva la settimana prossima.

→ Chi è venuto con te?
– Ugo è venuto con me.

→ Che cosa hanno portato gli amici?
– Gli amici hanno portato le fotografie.

3 La forme négative de la phrase

Le verbe doit toujours être précédé de la négation non.

Il ne faut pas confondre la négation qui se place devant le verbe avec no qui sert à répondre à la question.

→ Sei già andato in Italia?

– No, io non sono mai andato in Italia.

❶ Conjugue les verbes entre parenthèses au présent de l'indicatif.

1 Bruno (trascorrere) le vacanze ai laghi.
2 Marina e la zia (andare) a sentire l'Aida all'Arena.
3 Noi (pagare) un bel gelato a Stefania.
4 Tu (venire) con Giorgia in piscina?
5 Voi (fare) troppo rumore, ragazzi!
6 Io non (capire) quello che (dire) Matteo.

❷ Donne la personne du singulier qui correspond à la personne du pluriel de chaque phrase.

1 Noi leggiamo la cartolina di Bruno.
2 Marina e la zia sentono bene la musica perché hanno un bel posto.
3 Voi lasciate il Monte Baldo e partite per Verona.
4 Luisa e Luca cominciano la scuola dopo domani.
5 Noi paghiamo il biglietto d'ingresso.
6 Lara e Sandra sono ragazze serie.

❸ Donne la personne du pluriel qui correspond à la personne du singulier de chaque phrase.

1 Sei tutto abbronzato.
2 Scrive la cartolina ai nonni.
3 Ho quindici anni domani.
4 Guarda attentamente prima di attraversare la strada.
5 Finisco di mangiare e faccio una passeggiata.
6 In vacanza, Bruno va a letto più tardi.

❹ Réécris le texte, en transformant les verbes du passé composé au présent.

Quando avete ricevuto una cartolina di Bruno, gli avete risposto subito perché siete stati molto contenti di avere sue notizie. Anche noi gli abbiamo scritto una lunga lettera: ognuno gli ha raccontato un episodio comico delle vacanze. Quanto ci siamo divertiti! Però, siccome ha fatto un tempo splendido, ci siamo anche presi dei bei colpi di sole.

❺ Traduis les phrases suivantes.

1 Qui téléphone à Ugo ?
2 Bruno, tu finis ta valise et tu vas acheter le journal, s'il te plaît !
3 Marina et Giorgia ne mangent pas beaucoup.
4 Nous sommes contents de la carte de Bruno.
5 Connaissez-vous la nouvelle ?

❻ Retrouve les questions qui correspondent aux réponses suivantes.

1 Sì, ai laghi il tempo è generalmente bello.
2 Matteo telefona a Ugo la sera.
3 Andiamo a comprare il pane.
4 Lavorano durante l'estate perché vogliono comprarsi il motorino.
5 Vi chiamate Bruno e Marina.
6 Veniamo noi con te, mamma!

❼ Réponds aux questions suivantes.

1 Chi telefona a Ugo?
2 Come si chiama il tuo vicino?
3 Dove mangiate a mezzogiorno?
4 Quando partiamo in Inghilterra?

❽ Mets les phrases suivantes à la forme négative.

1 Vanno al cinema.
2 Sei malato, stai a letto.
3 Gianni e Marina partono subito.
4 Voglio avere un biglietto da cento euro.
5 Chi conosce la storia di Pinocchio?

Un mare di guai

Bruno: Perché quel viso lungo Gianni, non ti va il tuo nuovo orario?
Marina: Non stuzzicarlo Bruno, Gianni ha perduto la ragazza dei suoi sogni.
Gianni: E sì, prendetemi in giro voi, io vi dico che la Montebello è insostituibile.
Marina: Non è una tragedia, professoresse di matematica ce ne sono tante.
Gianni: Ma così brave come la Montebello, no!
Bruno: Insomma, si può sapere che cos'è succcesso?
Marina: Gianni sperava di ritrovare la sua professoressa di matematica preferita. Infatti, lei aveva ottenuto il trasferimento al liceo, ma al liceo ci verrà poco: sarà sostituita perché è in maternità.
Bruno: Vedrai Gianni che il supplente della tua professoressa sarà molto bravo.
Gianni: Ma io con la Montebello capivo tutto e almeno in matematica me la cavavo, adesso... Un mare di guai!
Marina: Animo, Giannuccio caro!

1 Capire e rispondere ▶

❶ Dove si trovano i ragazzi?
❷ Perché Gianni non è contento?
❸ Che cosa insegna la professoressa Montebello?
❹ Perché non verrà al liceo?
❺ Chi verrà al posto suo?
❻ Hai già avuto un supplente o una supplente? In quale materia?
❼ In quale materia te la cavi bene? Perché?

◆ E sì, prendetemi in giro voi.
◆ Animo, Giannuccio caro!

Pronuncia e ritmo

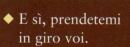

❶ Identifica in silenzio ogni oggetto rappresentato nella tabella.
❷ Lavorate in due: velocemente, un compagno dà il numero di una casella,
   l'altro deve dare il numero e il nome degli oggetti rappresentati.
❸ Apri il tuo quaderno di esercizi e ritrova i plurali dei sostantivi.

ESERCIZI
P. 11

3 Ascoltare e scrivere

❶ Apri il tuo quaderno di esercizi e ritrova le parole del padre di Gianni.
❷ Spiega in poche frasi perché Gianni telefona a suo padre.

ESERCIZI
P. 11

Le pluriel des substantifs et des adjectifs ➤ p. 34

- le professoresse brave
- la ragazza dei tuoi sogni

Ricordare

Che roba!

Gianni entra in camera, butta lo zaino in un angolo della stanza e tira fuori un sospirone.
Gianni: «Animo, Giannuccio caro!»… Il guaio è che senza la Montebello, il liceo non sarà più quello. Almeno lei la conoscevo da due anni e tutto andava liscio. Inoltre bisogna adattarsi a tanti cambiamenti: gli orari, i professori, i luoghi. Questo non mi va, ho bisogno di tempo, io, per abituarmi. Poi, nella classe, non conosco quasi nessuno mentre Bruno e Marina si ritrovano insieme. Che sfortuna!
Gli insegnanti ci hanno già avvisati che al liceo si studia sul serio, occorre sgobbare.
Eh certo, prima ci divertivamo, che roba!
Si sente un rumore di oggetti spostati, di zaino che si apre.
Vediamo un po' quello che mi aspetta domani… Ma dove ho ficcato il diario? Ah! eccolo!
Padre: Gianni! Ma sei sordo? Ti sto chiedendo per la terza volta com'è andata a scuola oggi.
Stefania: Lascia perdere papà; il nostro Gianni sta rimuginando il dispiacere per l'assenza della sua cara Montebello e per dimenticarlo, anticipa le vacanze!
Stefania scoppia a ridere.
Gianni: Mi parli, papà?

1 Capire e rispondere

❶ Chi entra in camera?
❷ Sembra contento? Perché?
❸ Chi è la Signora Montebello?
❹ Perché Gianni non si trova bene nella sua classe?
❺ Secondo te, a Gianni piacciono i professori del liceo?
❻ Da che cosa vedi che Gianni è veramente preoccupato?
❼ Come si vede che a Stefania piace stuzzicare gli altri?
❽ Ti piace la tua nuova classe? Ci sono nuovi compagni? Nuovi insegnanti?

Animo, Giannuccio caro… Sento che sarà grande quest'anno!

◆ Ti sto chiedendo per la terza volta com'è andata a scuola oggi.

Pronuncia e ritmo

2 Osservare e reperire

- Osserva la pagella di un alunno italiano e rispondi alle domande nel quaderno di esercizi.

ESERCIZI P. 12

DISCIPLINE	Scritto o Grafico	Orale	Pratico	Ore Ass
LINGUA ITALIANA	sette	otto		5
LINGUA LATINA	nove	sette		3
LINGUA GRECA	nove	otto		3
STORIA ED ED. CIV.		otto		1
GEOGRAFIA		otto		1
MATEMATICA CON EL. DI INFORM.	otto	otto		2
INGLESE	nove	otto		2
EDUCAZIONE FISICA			nove	1

1° QUADRIMESTRE — VALUTAZIONI PERIODICHE

SCRUTINIO FINALE — VOTO UNICO (4-10 lettere)	Totale ore assenza
Otto	8
nove	12
nove	12
Otto	1
nove	5
nove	6
nove	6
dieci	2

Condotta otto

Otto

3 Leggere e rispondere

Dell' uso giusto dello zainetto

Al momento dell'acquisto ricordarsi che:

1 Lo zaino è «come un vestito»:
controllare che la taglia non sia enorme.
2 Uno zaino di grandi dimensioni sarà probabilmente
uno zaino di grande peso.
3 Gli zaini con aperture a soffietto offrono un maggior volume
e danno un maggiore sbilanciamento posteriore.
4 Uno zaino senza schienale provoca un accumulo del peso
verso il basso (effetto «sacco di patate»).
5 Anche lo zainetto a vuoto ha un peso che contribuisce al totale.
6 Le bretelle devono essere ampie e imbottite.
7 È sempre meglio che ci sia una cintura addominale con fibbia.
8 È opportuno che ci sia una solida e confortevole manig

Cosa evitare:

1 Portare lo zainetto su una spalla sola.
2 Sovraccaricarlo con materiale non necessario.
3 Sollevarlo rapidamente.
4 Correre con lo zainetto in spalla.
5 «Tirare» un compagno per lo zainetto.

Leggi attentamente la prima parte del documento e controlla il tuo zaino. Poi rispondi alle domande seguenti usando il vocabolario del testo.

❶ Come lo scegli tu lo zaino?
❷ Quali sono gli atteggiamenti da evitare che tu non eviti?
❸ Perché non devi correre con lo zainetto in spalla?
❹ Perché non devi tirare un compagno per lo zainetto?
❺ Quali consigli daresti al ragazzo del disegno?

Le pluriel des articles définis ▷ p. 34

- il professore → i professori
- la professoressa → le professoresse
- l'orario → gli orari
- lo zainetto → gli zainetti

La traduction de « il faut » (1) ▷ p. 34

- bisogna + verbe → Bisogna adattarsi a tanti cambiamenti.

Ricordare

Come sei buffo!

Stefania: Senti, Ugo! Mi ascolti un attimo, mi occorre un consiglio.

Ugo: Certo, però ho poco tempo, dunque sbrigati!

Stefania: Non mi piace più il tennis da tavolo. Preferirei uno sport collettivo. È più interessante, non ti pare? La squadra fa un po' da seconda famiglia. Mi sentirei meglio, credo.

Ugo: E che problema c'è? Ma scherzi!

Stefania: Ugo, ma non so cosa scegliere; esito tra la pallamano, il calcio e la pallacanestro.

Ugo: Il calcio per una ragazza! Uno sport più femminile di questo non esiste. E perché non il rugby? Hai proprio tutte le idee!

Stefania: Ma come sei maschilista, povero Ugo! Certo che anche le ragazze possono giocare a calcio. E gli altri due, cosa te ne sembra?

Ugo: Per la pallacanestro, sei troppo bassa, ti rimane dunque la pallamano.

Stefania: Grazie del parere, Ugo.

Stefania si volta e si imbatte in Gianni appena uscito dalla sua stanza.

Gianni: Ehi, piccolo uragano, attenta!

Ugo: Stefania, guarda che tutto sommato il calcio non andrebbe mica male…

Stefania: Ma come sei buffo!

1 Capire e rispondere ▶▶

❶ Quale sport praticava Stefania?

❷ Quale tipo di sport vuole praticare ormai? Perché?

❸ Tra quali sport esita?

❹ Perché, secondo Ugo, il calcio non conviene ad una ragazza?

❺ Perché neanche la pallacanestro è fatta per Stefania?

❻ E tu, pratichi uno sport? Quale?

❼ Hai già cambiato sport? Perché?

❽ Preferisci uno sport collettivo o uno sport individuale? Perché?

◆ Ma come sei maschilista, povero Ugo!

Pronuncia e ritmo

- Ascolta la presentazione della «Mille miglia» e di', con le tue parole, di che cosa si tratta.

3 Osservare e rispondere

❶ Ritrova gli elementi seguenti:
  - In quale città si trova il museo? Perché?
  - Quali servizi offre il museo? A quali bisogni corrispondono?
  - In quale periodo storico è nata la gara?
  - Puoi citare alcuni grandi nomi delle gare automobilistiche italiane?

❷ Scrivi ad un tuo amico per invitarlo a visitare il museo. Spiegagli perché è interessante.

❸ Ricerca sulla rete: trova il sito della Ferrari ed elenca le vittorie della famosa scuderia.

Per connettere ≫ dunque

- Ti rimane **dunque** la pallamano.

La traduction de « il faut » (2) ≫ p. 34

- **occorre** + nom ➜ Mi **occorre** un consiglio.

1 Osservare, leggere e rispondere

N°1 Circuito di Enzo e Dino Ferrari

Ospita il Gran Premio
di San Marino

Lunghezza: 4930 m

Per chi viene da Bologna:
si raggiunge dall'autostrada
A14 direzione Rimini
uscita Imola

N°2 Circuito di Monza

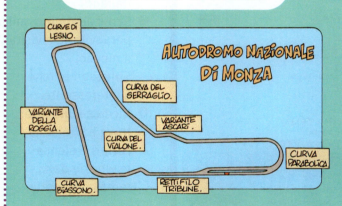

Ospita il Gran Premio d'Italia

Lunghezza: 5793 m

Indirizzo: Autodromo
Nazionale di Monza
Parco di Monza 21
20052 Monza (Milano)

Tel: 039 24821

Fax: 039 320324

❶ In quali città si svolgono il Gran Premio di San Marino e il Gran Premio d'Italia?
❷ Come si fa in macchina per arrivare al circuito n°1 arrivando da Bologna?
❸ Qual è il circuito più lungo? Di quanto?

2 Ricercare in Internet

❶ Chi è stato il campione del Mondo nel 2005?
Dei precedenti tre anni?
❷ Chi ha vinto il Gran Premio di Monza nel 2005?
❸ E quello di San Marino negli ultimi cinque anni?
❹ Quale evento tragico è successo a San Marino il 1° maggio 1994?
❺ A che anno risale la creazione della gara di Monza?

Giro d'Italia

Il Giro

	2003	2004	2005
Tappe	21	20 e prologo	20 e prologo
Chilometraggio	3.485,5	3.435	3.464,650
Media giornaliera	165,980	171,750	173,233
Tipo di tappa:			
– pianeggianti - ondulate	11	12	10
– media montagna	3	4	3
– montagna	5	3	5
– cronometro	2	1	2
Chilometria a cronometro	82	59	73,650
Dislivello in metri	17.300	18.500	22.040
Riposo	2	2	2

Le maglie

Quattro sono le maglie dei leader:
– Classifica generale a tempi: maglia rosa
– Classifica a punti: maglia ciclamino
– Classifica a punti G.P. della Montagna:
   maglia verde
– Classifica a tempi Intergiro: maglia azzurra
Montepremi:
Ai corridori sarà riservato un montepremi
di Euro: 1.150.000,00.

❶ Quante tappe ci sono nel Giro?
❷ Di quanti chilometri è lungo nel 2005?
❸ In che anno è stato il più lungo?
   Di quanti chilometri?
❹ Quali sono le tappe più difficili?
   Quante sono?
❺ A quanti metri ammonta il dislivello?
❻ Quali sono i colori delle maglie
   dei leader?

1 Leggere e rispondere

Sondaggio

Le passioni sportive degli italiani

Un sondaggio rivela il rapporto tra gli italiani e gli sport.

[…] È una delle molte sorprese che emergono dalla ricerca «Gli italiani e i principali
5 sport» da poco condotta da Astra-Demoskopea per conto della «Gazzetta dello Sport», con 1.002 interviste telefoniche a un campione rappresentativo dei circa 47 milioni e mezzo di italiani adulti, fra i 14 e i 79 anni.

10 **Passione per il calcio.** – Quelli che si dichiarano appassionati di calcio sono «soltanto» 20 milioni, il 42,2 % del totale.
Secondo il 35,6 % di chi lo ama, il calcio è in crescita, mentre è in declino per il 24,7.

15 **Passione per la Formula 1.** – Il saldo è molto più all'attivo per la Formula 1, data in aumento dal 61,6 % dei suoi appassionati. Che sono 18.900.000, il 39,8 % del totale: in prevalenza diplomati, maschi, giovani
20 adulti fra i 25 e i 34 anni che abitano in realtà urbane.
E che del loro sport sottolineano la tecnologia (94,1), la modernità (84,6), la spettacolarità (77,3).

25 **Passione per il ciclismo: è sempre alta ma risente del suo forte legame con la tradizione.**
– Le qualità del ciclismo sono «antiche»:

fatica e carattere (84 %), meriti personali (63,6), umanità (59,9), eroismo (52,6), accessibilità (51).

Passione per la pallavolo e la pallacanestro. 30
– Dati altissimi della pallavolo (11.100.000 gli appassionati, pari al 23,4 %) e della pallacanestro (7 milioni, il 14,8). Merito, una volta tanto, della scuola, che ha favorito l'alfabetizzazione sportiva: pratica stabil- 35
mente la pallavolo un milione di italiani.
Ai due sport vengono attribuite qualità simili: lo spirito di squadra (81,5 % e 60,2), la correttezza (76,5 e 53,8), l'accessibilità (68,4 e 50,8), la qualità dell'ambiente spor- 40
tivo (67,2 e 47,5).

L'Italia priva di passioni sportive. – Il 29 % del totale, (in prevalenza donne del Nord fra i 45 e i 64 anni), mentre la percentuale degli appassionati di almeno uno sport (71) è 45
alta.
Il 40 per cento degli appassionati dice di amare due o più sport, e fra di loro i più giovani e scolarizzati: quelli che ne amano almeno tre. 50

Giovanna Zucconi,
L'Espresso, 17 giugno 2004.

❶ Quante persone sono state interrogate? Di quale fascia di età?
❷ Qual è lo sport preferito degli italiani?
❸ Perché piace la Formula Uno? Sei d'accordo?
❹ Quali sono le qualità principali riconosciute al ciclismo? Perché?
❺ Quanti sono gli appassionati di pallavolo? Come si può spiegare questa cifra?
❻ Perché piacciono la pallavolo e la pallacanestro?

sportive

2 **Leggere, osservare e completare** ➤➤ ESERCIZI P. 13

● Apri il quaderno degli esercizi a pagina 13: osserva e completa.

Torino 2006: le Olimpiadi invernali

Perché le Olimpiadi a Torino

La sfida dei Giochi Olimpici di Torino 2006 è di realizzare una grande edizione dei Giochi in grado di lasciare un'eredità di sviluppo e una nuova identità per il territorio. Il nostro successo si fonda sul patto tra il territorio urbano e montano. […]
I profondi legami storici con le Alpi e la posizione strategica fanno di Torino una vera «capitale» delle Alpi. Nessun'altra metropoli è circondata da un così straordinario arco di montagne: circa 400 chilometri dalle Alpi Marittime al Monte Rosa. Un patrimonio naturale da valorizzare con intelligenza. […]

1 Piazza Castello, uno dei simboli di Torino

Il logo di Torino 2006

torino 2006

La Mole Antonelliana, inconfondibile nella sua silhouette, diventa una montagna che tende plasticamente verso l'alto, dove il bianco delle nevi incontra l'azzurro del cielo. Il logo dei Giochi di Torino 2006 è una sintesi perfetta di connotazione geografica, emotiva, sportiva e culturale.
Le geometrie dei cristalli di ghiaccio, che costituiscono l'anima della Mole – il simbolo per eccellenza della città di Torino – si intrecciano tra di loro, andando a formare una fitta rete: il web, emblema delle tecnologie, ma soprattutto l'eterno spirito di comunanza tra i popoli di cui le Olimpiadi sono dalla nascita un simbolo per eccellenza. […]

2 La Mole Antonelliana

Neve e Gliz

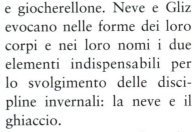

CIAO!

Neve e Gliz sono le mascotte dei Giochi di Torino 2006.
Lei, morbida, simpatica ed elegante pallina di neve. Lui, cubetto di ghiaccio vivace e giocherellone. Neve e Gliz evocano nelle forme dei loro corpi e nei loro nomi i due elementi indispensabili per lo svolgimento delle discipline invernali: la neve e il ghiaccio.
Insieme sintetizzano il meglio dei valori italiani e olimpici: amicizia e entusiasmo, lealtà e divertimento, design e capacità di innovare.

www.torino2006.org

Grammaire et exercices

1 Le pluriel des articles définis

	singulier	pluriel
masculin	il professore l'orario lo zainetto	i professori gli orari gli zainetti
féminin	la professoressa l'allieva	le professoresse le allieve

- **Au masculin singulier,** on emploie il devant une consonne.
  Devant une voyelle, on emploie l'. → il capello / l'abito
  Devant s- + consonne (s impur), z-, gn- et ps-, on emploie lo.
  → lo zaino – lo gnomo – lo psicologo
- **Au masculin pluriel,** deux formes pour le défini : i devant une consonne
  et gli dans tous les autres cas. → i pantaloni – gli abiti – gli zaini
- **Au féminin singulier,** on emploie la devant une consonne. → la camicia
  On emploie l' devant une voyelle. → l'ora
- **Au féminin pluriel,** une seule forme pour le défini : le. → le ore – le camicie

2 Formation du pluriel des noms et des adjectifs

En règle générale, les noms et les adjectifs italiens forment leur pluriel en –i,
sauf ceux qui, au féminin singulier, se terminent par -a.

	masculin singulier	masculin pluriel
terminaisons en :	o → l'allievo bravo	i → gli allievi bravi
	e → il professore francese	i → i professori francesi
	a → il problema difficile	i → i problemi difficili

	féminin singulier	féminin pluriel
terminaisons en :	a → l'allieva brava	e → le allieve brave
	e → l'attrice celebre	i → le attrici celebri

3 La traduction de « il faut » : occorrere

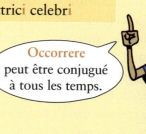

Occorrere
peut être conjugué
à tous les temps.

Il doit être conjugué à la 3e personne et peut être placé devant :
- un nom au singulier → Occorre un amico sincero.
- un nom au pluriel ou une énumération → Occorrono degli amici sinceri. /
  Occorrono un po' di coraggio e molta buona volontà.
- un verbe à l'infinitif → Occorre riflettere prima di agire.

❶ Ajoute l'article défini.

1 scolara sorridente
2 pennarello nuovo
3 zaino pesante
4 liceo dinamico
5 città popolata
6 odore piacevole
7 animale domestico
8 aria pura
9 secchiona simpatica
10 regione turistica

❷ Mets les noms de l'exercice ci-dessus au pluriel.

❸ Mets les expressions suivantes au pluriel.

1 la matita colorata
2 l'astuccio firmato
3 il quaderno di matematica
4 il diario divertente
5 la pausa quotidiana
6 il lavoro difficile
7 la mensa conviviale
8 lo sport appassionante
9 il giornale televisivo
10 la macchina veloce

❹ Ajoute l'article défini.

1 insegnanti comprensivi
2 allieve colte
3 insegnanti simpatiche
4 rumore fortissimo
5 palazzi lussuosi
6 città inquinata
7 spiagge pulite
8 sportivi coraggiosi

❺ Recopie la liste des courses en mettant au pluriel les noms qui l'exigent.

Sono andato a fare la spesa e ho comprato:

1 il pane
2 la patata
3 la carne
4 il gelato
5 il tè
6 la carota
7 il pisello
8 il pomodoro
9 il cioccolato
10 il latte

❻ Recopie et complète ce texte par les articles qui conviennent. Vérifie tes propositions à l'aide de la liste.

al • dal • dei • del • dell' • della •
i (x 2) • il • la (x 2) • le • un (x 2) • uno

… febbre … oro
… bomba scoppiò verso mezzogiorno lunedì, quando arrivarono … giornali.
Uno … paese aveva fatto … colpo … totocalcio vincendo dieci milioni. … giornali precisavano che si trattava di certo Pepito Sbezzeguti: ma in paese non vi era nessun Pepito e nessun Sbezzeguti.
… gestore … ricevitoria, assediato … popolo in agitazione, allargò … braccia:
«Sabato c'era mercato e ho venduto … sacco di schede a … forestieri. Sarà … di quelli.»

(D'après G. Guareschi)

❼ Mets ces expressions au singulier.

1 le amiche puntuali
2 gli uomini simpatici
3 le previsioni meteorologiche
4 i mancati appuntamenti
5 gli ingorghi cittadini

❽ Complète ces phrases par la forme de occorrere qui convient.

1 Per superare gli esami, ………… lavorare sodo.
2 ………… molta volontà quando il lavoro è difficile.
3 ………… un po' di astuzia e molta pazienza per risolvere il problema.
4 ………… ascoltare, memorizzare e parlare per imparare una lingua.
5 Se vuoi un buon consiglio, ti …………… fare le domande giuste.
6 Per fare la tua torta di compleanno mi ……………… gli ingredienti della ricetta.

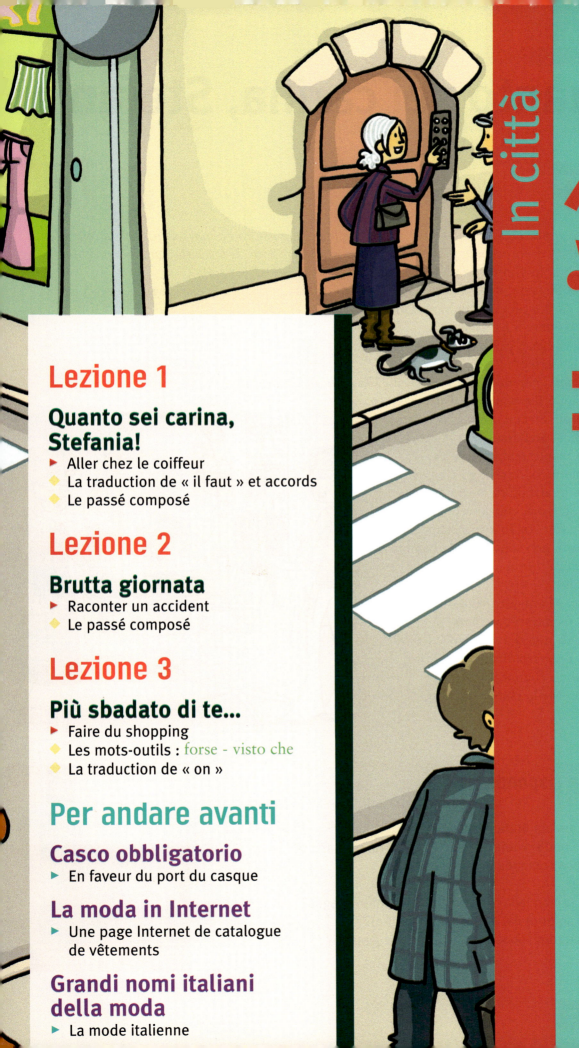

Quanto sei carina, Stefania!

Stefania è appena uscita dall'ortodontista che le ha aggiustato l'apparecchio. La faccenda è stata un pò dolorosa e la mamma, per distrarla le propone di lasciarla dalla parrucchiera.

Stefania: No, io non me la sento; voglio tornare a casa.

La madre: Stefania, il dentista ti ha dato la compressa, lasciala agire, ci vogliono venti minuti. E poi, cara, i tuoi capelli hanno proprio bisogno di essere tagliati e acconciati. Il sole dell'estate li ha rovinati.

Stefania: Va bene, però il taglio, lo scelgo io!

La madre: Certo.

Entrano dalla parrucchiera, un'amica della Signora Chiaravalle.

Parrucchiera: Buon giorno Martina, buon giorno, Stefania. A chi tocca oggi?

La madre: A Stefania. Te la lascio, Angela. Quanto tempo ci vuole?

Parrucchiera: Siccome oggi c'è poca gente, tre quarti d'ora basteranno. Dunque Stefania, che cosa facciamo?

Stefania: Non voglio avere i capelli troppo corti, non sono più una bambina!

Dopo un'ora, torna la Signora Chiaravalle.

La madre: Ma quanto sei carina, Stefania! Come sei cambiata! Quasi quasi non ti avrei riconosciuta!

Stefania: Davvero, mamma? Chissà cosa diranno Gianni e Ugo?

La madre: Me lo chiedo anch'io...

1 Capire e rispondere

 Dov'è andata Stefania? Perché?

❷ Perché non si vuole fermare dalla parrucchiera?

❸ Che cosa domanda di poter scegliere?

❹ Perché?

❺ Come sembra alla mamma con il suo nuovo taglio?

❻ Vai da solo(-a) dal (-la) parrucchiere(-a)?

❼ Quando torni, sono sempre contenti i genitori?

◆ Chissà cosa diranno Gianni e Ugo?

◆ Me lo chiedo anch'io...

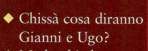
Pronuncia e ritmo

L'anno scorso

Adesso

❶ Com'è vestita Marina adesso?
❷ Che cosa ha fatto ai capelli?
❸ Che cosa ha cambiato Ugo?
❹ Come si pettina adesso?
❺ In che cosa è cambiato Gianni?
❻ Che cosa indossa Stefania?
❼ Ti piace la nuova Antonella? Perché?
❽ Quali altri cambiamenti puoi notare?
❾ E tu, sei cambiato rispetto all'anno scorso?

3 Osservare e scrivere

ESERCIZI
P. 17

● **Dopo aver osservato con attenzione
i nostri eroi,** apri il tuo quaderno
di esercizi e descrivi ognuno
di loro in qualche riga.

Attenzione! Per ogni personaggio,
utilizza almeno una volta il passato prossimo
e un'espressione che indica il tempo.

Per aiutarti

● l'anno scorso /
quest'anno
● prima / ora, adesso

Ricordare

La traduction de « il faut » et accords ⟫ p. 48

● Quanto tempo **ci vuole**?   ● **Ci vogliono** venti minuti.

Le passé composé ⟫ p. 48

● **È** appena uscit**a**.   ● Come **sei** cambiat**a**!

Brutta giornata

Nonno Giulio: Allora Ugo, come ti senti oggi?

Ugo: A dire il vero, sono un po' giù di morale.

Nonno Giulio: Come? Parla più forte, per favore, che non ti sento!

Ugo *(più forte)*: Ho dovuto dire addio al mio motorino, figurati! L'altroieri pomeriggio, stavo andando dal dentista, in periferia. Ad un incrocio, ho messo la freccia per girare a destra. Purtroppo una Cinquecento arrivava a tutta velocità e non ha rispettato lo stop. Ha frenato, sì, ma tropppo tardi e mi è venuta adosso.

Nonno Giulio: Cosa? Hai avuto un incidente? Non farmi stare sulle spine, Ugo, racconta!

Ugo: Sì, non ho potuto fare niente per evitarla, questa macchina: quando ho capito quello che succedeva, ero già volato via e mi trovavo sul marciapiede vicino!

Nonno Giulio: Non dirmi che ti sei ferito!

Ugo: No, no, non preoccuparti! Un passante ha chiamato subito il pronto soccorso…

Nonno Giulio: Per piacere, Ugo, dimmi la verità!

Ugo: … La verità è questa, nonno, rassicurati! … Dopo pochi minuti è arrivata l'ambulanza. Mi hanno ricoverato in ospedale e lì, giù esami, analisi, radiografie. Il medico temeva fratture o ferite interne… ma non ha trovato niente: per fortuna, avevo il casco!

Nonno Giulio: Però, ti è andata bene!

Ugo: A me sì, ma il motorino è fuori uso. Che brutta giornata!

1 Capire e rispondere

1. Perché Ugo telefona a suo nonno?
2. Perché deve ripetere tutto a suo nonno?
3. Dove andava?
4. Chi ha provocato l'incidente? Com'è successo?
5. Dove si è ritrovato Ugo?
6. Chi ha chiamato il pronto soccorso? Che cosa ha fatto l'ambulanza?
7. Che cosa ha fatto il medico?
8. È stato ferito, Ugo?
9. E il motorino?

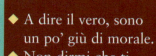

- A dire il vero, sono un po' giù di morale.
- Non dirmi che ti sei ferito!

Pronuncia e *ritmo*

2 Osservare e rispondere

1 Stop

2 Divieto di sosta

3 Vietato girare a sinistra

4 Vietato girare a destra

5 Limite di velocità

6 Divieto di sorpasso

❶ Che cosa ordina o vieta ognuno di questi cartelli?

❷ Prendi un foglio. Disegna un piccolo cartello:
il tuo vicino di banco deve dire a quale ordine o divieto corrisponde.

3 Osservare e descrivere

- Osserva il disegno della pagina 36 e la scena sotto.
Descrivi la scena e spiega perché Ugo è venuto a sbattere contro la Cinquecento.

Per aiutarti

- la ferita   - parcheggiare
- fermarsi   - scontrarsi
- frenare   - sorpassare
- oltrepassare - urtare

Ricordare

Le passé composé p. 48

- **Hai** avut**o** un incidente?
- Ti **sei** ferit**o**?

Più sbadato di te...

Guardare e ascoltare 》》

*Gianni e Ugo devono andare a comprarsi vestiti nuovi per l'autunno e l'inverno.
La mamma ha deciso di lasciarli fare da soli e ha dato loro la sua carta di credito,
precisando che non devono spendere più di 150 euro.*

Gianni: Ugo, guarda questi pantaloni di velluto. Proprio il taglio all'ultima moda
e poi non sono mica tanto cari: trentacinque euro. Con questa camicia stanno benissimo.
Così, mi regalano il maglione.

Ugo: Quanto il totale?

Gianni: Cinquantacinque euro. Così, mi compro pure le scarpe e mi rimangono soldi
per la biancheria. Anche lì per due capi comprati si torna a casa con tre. Che ne dici?

Ugo: Hai ragione. Si possono forse fare affari oggi. Mi ci vogliono pantaloni, almeno due
o… addirittura tre visto che sono cresciuto di sei centimetri e quelli che ho sono troppo
corti. Mi occorrono una maglia e le scarpe. Dimmi, Gianni, per la biancheria, il tuo terzo
articolo, lo prenderesti per caso
alla mia misura?

Gianni: Almeno tu sai risparmiare!
Va bene, facciamo così.

Neanche due ore dopo, rieccoli a casa.

La madre: Già tornati ragazzi?
Che succede?

Gianni: Già fatto e non abbiamo
speso tutto.

La madre: Bravi ragazzi! E la mia carta?

Ugo: Oddio, l'ho lasciata alla cassa.

La madre: Più sbadato di te, però!…

Gianni: Ma no! La carta,
l'ho recuperata io, mentre Ugo faceva
tanto di sorrisi alla cassiera.

1 Capire e rispondere 》》

❶ Secondo te, perché Ugo e Gianni devono comprarsi nuovi vestiti?

❷ Che cosa ha affidato loro la mamma?

❸ In quale negozio vanno? Perché?

❹ Che cosa trova Gianni?

❺ Che cosa gli chiede Ugo?

❻ Perché Ugo non ha più pensato alla carta di credito?

❼ Ti è già capitato di comprarti vestiti da solo(-a)?

❽ Come hai pagato?

◆ Almeno tu sai
risparmiare!

Pronuncia e *ritmo*

2 Ascoltare e descrivere

Dimmi come ti vesti e ti dirò chi sei!
Si dice che si può capire il carattere
di una persona dal suo modo di vestire.
Ecco i ritratti di alcuni ragazzi,
quale sarà il loro carattere?

❶ Apri il quaderno di esercizi a pagina 18,
ascolta il testo, e completa la schedina.

❷ Rispondi alle domande.

a. Prova a fare il ritratto fisico del tuo vicino
di banco.

b. Quale sarà il suo carattere?

c. Lavorate in coppia: scegliete un cantante
o un attore famoso, descrivetelo e poi dite
qual è il suo carattere.

ESERCIZI P. 18

3 Osservare e capire

❶ Osserva attentamente
il documento accanto.

❷ Spiega come lo devi
usare per parcheggiare un'ora.

❸ Spiega quello che devi
fare se vuoi parcheggiare
in centro due ore.

Per aiutarti

- il cruscotto
- la multa
- la polizia municipale

4 Tocca a te

❶ Quanti abitanti vivono nella tua città, nel tuo paese?

❷ Ci sono aree pedonali? In quali quartieri?

❸ Come viene agevolato il traffico nella tua città o nella città più vicina?

❹ Alcune città italiane chiudono il centro al traffico, come si circola in questo caso?

❺ Che cos'è, a parer tuo, il traffico a targhe alterne?

Per connettere 》 forse – visto che

- Si possono **forse** fare affari oggi.
- **Visto che** sono cresciuto di sei centimetri.

Traduction de « on » 》 p. 48

- **Si possono** forse fare affari oggi.
- Mi **regalano** il maglione.

Ricordare

1 Leggere e rispondere ▶▶

Casco obbligatorio

pubblicità e sanzioni

Con l'entrata in vigore, il 30 marzo 2000, del casco obbligatorio per tutti i conducenti delle due ruote, per tutte le cilindrate e anche per i maggiorenni, si è dato il via ad una campagna pubblicitaria e si vogliono valutare le misure tese ad inasprire sanzioni e controlli.

Quanto al mancato uso del casco, ecco i dati degli incidenti: 378 morti, 756 invalidi permanenti, 18.096 ricoveri in ospedali l'anno a seguito di incidenti con i ciclomotori, il 70 % delle vittime non usava il casco e il 50 % aveva meno di 30 anni.

Secondo uno studio effettuato d'intesa con l'Istituto Superiore di Sanità, se tutti i conducenti dei ciclomotori avessero usato il casco, si sarebbero avuti 171 morti,

342 invalidi permanenti e 8.197 ricoveri. «Il casco non è una costrizione nè un limite, ma solo uno strumento per proteggere la vita» aveva detto il ministro dei lavori Pubblici Bordon.

La campagna pubblicitaria non punta su messaggi terrorizzanti ma sulla possibilità di vivere gli amici, la musica, lo sport, l'amore, i viaggi: occasioni ottime per mettersi in testa un casco e garantirsi la vita.

❶ Da quanti anni è in vigore il casco obbligatorio?
❷ Per chi è obbligatorio?
❸ Calcola:
  • Quante vite il casco avrebbe risparmiato?
  • Quanti invalidi permanenti in meno ci potevano essere?
  • Di quanto in meno potevano essere i ricoveri in ospedale?
❹ Commenta: «Il casco non è una costrizione nè un limite, ma solo uno strumento per proteggere la vita»

obbligatorio

Ministero dell'Istruzione, dell'Università e della Ricerca
Dipartimento per i servizi nel territorio
Direzione generale per lo status dello studente, per le politiche giovanili e per le attività motorie

IL PATENTINO

Programma del Corso
per il conseguimento in ambito scolastico del

CERTIFICATO DI IDONEITÀ
ALLA GUIDA
DEL CICLOMOTORE

ancma
associazione nazionale
ciclo motociclo e accessori

Federazione
Motociclistica Italiana

ITALIA
CONFEDERTAAI

2ª edizione

http://www.motorino.it/concorso/patentino2002.pdf

❶ Descrivi il disegno e spiega perché l'adolescente raffigurato è un esempio da seguire.

❷ Chi è all'origine di questa pubblicazione?
Qual è lo scopo?

❸ Secondo te che cosa sarà il «patentino»?
Quali elementi del documento qui accanto ti permettono di rispondere?

La moda in Internet

1 **Osservare e imparare**

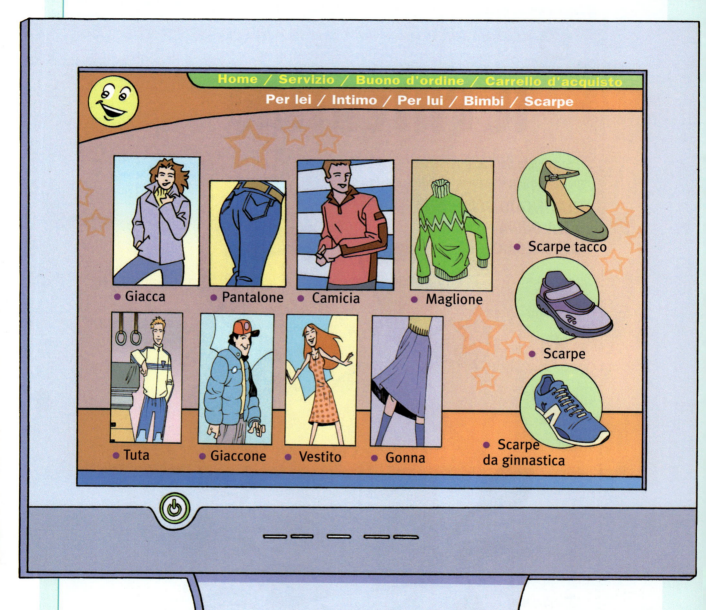

Home / Servizio / Buono d'ordine / Carrello d'acquisto
Per lei / Intimo / Per lui / Bimbi / Scarpe

- Giacca
- Pantalone
- Camicia
- Maglione
- Scarpe tacco
- Scarpe
- Tuta
- Giaccone
- Vestito
- Gonna
- Scarpe da ginnastica

❶ Osserva attentamente i capi di abbigliamento
presentati su questa pagina durante un minuto
poi chiudi il libro e cerca di ricordarne il maggior numero possibile.

❷ Apri il quaderno di esercizi e completa l'ordine giusto.

Grandi nomi italiani della moda

Giorgio Armani davanti al negozio, New-York, Madison Avenue.

1 Leggere e rispondere

Made in Italy alla ribalta

Star italiane a Hollywood? Non gli attori, ma i grandi marchi. Così risulta da uno studio condotto da Eta Meta Research in occasione del premio «S. Pellegrino star of the year»: dalla moda al vino, i prodotti made in Italy conquistano i set americani, soppiantando spesso i francesi come simboli di sole. La moda è la più citata: Armani su tutti, e poi Tod's, Prada, Luxottica, Cerruti, Ferragamo.

L'Espresso, 8 settembre 2005.

❶ Da dove è tratto questo testo?
❷ Quando è stato scritto?
❸ Quali sono i grandi marchi italiani che hanno conquistato gli Stati Uniti?
❹ Chi ha condotto lo studio?
❺ Per quale premio?
❻ Quale prodotto vende il marchio San Pellegrino?

2 Ricercare in Internet e rispondere

❶ A proposito di Salvatore Ferragamo:
a. In che anno ha inventato la zeppa (modello creato per Judy Garland)?
b. Come si chiama il suo tacco più famoso creato nel 1956?
c. In che anno ha aperto i negozi di New York? Hong-Kong? Seul?
d. Oltre le scarpe, quali altri prodotti sono creati dal marchio Salvatore Ferragamo?
e. Qual è l'indirizzo del museo aperto a Firenze nel 1995?
f. Quanti modelli di scarpe si possono ammirare?
❷ Ricerca in Internet e rispondi:
a. Chi è all'origine del gruppo Tod's?
b. Come si chiama il fondatore di Luxottica?

❸ Sai dire chi si nasconde dietro Dolce & Gabbana? Ricerca il sito in Internet.
❹ A proposito di Sergio Tacchini:
a. In quale sport è stato un campione famoso?
b. In che anno parte alla conquista dell'abbigliamento sportivo?
c. Quale idea originale e innovativa è all'origine del suo successo?

3 Tocca a te

❶ Puoi citare altri nomi della moda italiana?
❷ Scegline uno, ricerca le informazioni in rete e fanne una breve presentazione orale.

Grammaire et exercices

1 Le passé composé

Il se forme avec le présent de l'indicatif des auxiliaires essere (sono, sei, è, siamo, siete, sono) ou avere (ho, hai, ha, abbiamo, avete, hanno) + participe passé du verbe conjugué.
- Certains verbes se conjuguent avec avere, d'autres avec essere.

infinitifs	terminaisons du participe passé	passé composé du verbe
verbes en -are parlare entrare	-ato parlato entrato	io ho parlato … loro hanno parlato sono entrato(a) … sono entrati (e)
verbes en -ere ripetere crescere	-uto ripetuto cresciuto (le i sert seulement à la prononciation)	io ho ripetuto … loro hanno ripetuto sono cresciuto(a) … sono cresciuti(e)
verbes en -ire preferire partire	-ito preferito partito	io ho preferito … loro hanno preferito sono partito (a) … sono partiti (e)

- Verbes réfléchis (en -arsi, -ersi, -irsi) : mi, ti, si, ci, vi, si + auxiliaire essere (toujours) + participe passé qui s'accorde avec le nom auquel il se rapporte.
  → fermarsi: io mi sono fermato (a) / noi ci siamo fermati (e)
- De nombreux participes passés sont irréguliers :
  fare: fatto – leggere: letto – mettere: messo – prendere: preso – proporre: proposto – rispondere: risposto – scrivere: scritto – scegliere: scelto – spendere: speso – dire: detto – venire: venuto

Attention !

2 La traduction de « il faut » (2)

- Suivi d'un nom :
  – si le nom est singulier : ci vuole → Ci vuole un attimo. (Il faut un instant.)
                             occorre → Occorre pazienza! (Il faut de la patience !)
  – si le nom est pluriel : ci vogliono → Ci vogliono cinque minuti. (Il faut cinq minutes.)
                            occorrono → Occorrono molti soldi. (Il faut beaucoup d'argent.)
- Suivi d'un verbe :   occorre → Occorre aspettare alla cassa. (Il faut attendre à la caisse.)

3 La traduction de « on »

Pour exprimer « on », on peut utiliser le pronom réfléchi si :
- si + verbe 3e pers. du sg. → Si va al cinema. (On va au cinéma.)
- si + verbe 3e pers. du sg. + un nom sg. → Si fa un affare. (On fait une affaire.)
- si + verbe 3e pers. pl. + un nom pl. → Si fanno affari (On fait des affaires.)

On peut utiliser aussi la **3e pers. du pl.** → Oggi, regalano tutto! (Aujourd'hui on donne tout !)
Quand le « on » inclut les personnes qui parlent, on utilise noi → Andiamo! (On y va!)

❶ Transforme le récit fait par Ugo de son accident à la 3ᵉ personne du singulier.

1 Ieri ho dovuto dire addio al mio motorino perché ho avuto un incidente.
2 Ad un incrocio, ho messo la freccia per girare a destra.
3 Non ho potuto fare niente per evitare questa macchina.
4 L'ho urtata e sono volato via.
5 Mi sono ritrovato sul marciapiede vicino!

❷ Transforme ce récit au présent de l'indicatif.

❸ Conjugue à la personne du pluriel correspondante.

1 Ho scelto una splendida felpa.
2 Hai messo una giacca calda.
3 Ha risposto alla cassiera.
4 Hai scritto la lista delle spese.
5 Ha preso il pacco.
6 Sono venuto con voi.
7 È partita da molto tempo.
8 Sei tornata tardi.

❹ Donne la personne qui précède les formes suivantes.

1 Ti sei fermato.
2 Vi siete divertiti.
3 Si sono avvicinate.
4 Si è calmato.
5 Ci siamo riposate.
6 Vi siete preparati.

❺ Transformer au passé composé.

1 Chiamo Marina, così andiamo in città.
2 Stefania cambia pettinatura: si taglia i capelli.
3 Esci? Dove vai?
4 Andate in centro?
5 Li accompagni: fate un giro per i negozi.
6 Comprano molto e spendono troppo!
7 Stefania si arrabbia.
8 Ugo si dimentica la carta di credito alla cassa.

❻ Remplace les formes verbales soulignées par la forme de « il faut » qui convient.

1 <u>Mi serve</u> la chiave.
2 <u>Devo</u> uscire.
3 <u>È d'obbligo</u> fermarsi qui.
4 <u>Mi servono</u> venti euro.
5 <u>Devono</u> aspettare un quarto d'ora.
6 <u>È obbligatorio</u> avere un appuntamento.

❼ Remplace la forme du pluriel par l'indéfini « on ».

→ Usciamo stasera. = Si esce stasera.
1 Compriamo un bel maglione.
2 Facciamo affari.
3 Aspettiamo i saldi.
4 Risparmiamo molto.
5 Prendiamo un terzo articolo.
6 Paghiamo alla cassa centrale.

❽ Traduire en français.

1 Dicono che è il taglio all'ultima moda.
2 Mi ci vuole molto coraggio per fare la spesa il sabato!
3 L'estate scorsa è cresciuta di quasi dieci centimetri.
4 Queste magliette non costano molto: ne posso comprare addirittura due.
5 Ti ci vogliono davvero questi pantaloni?
6 In questo negozio, non si accettano i biglietti da 200 euro.

❾ Traduire en italien.

1 Aujourd'hui, on regarde les vitrines mais on n'achète rien.
2 Nous avons déjà trop dépensé la semaine dernière.
3 Vu qu'il y a beaucoup de monde, ils n'entrent pas.
4 On ne peut pas se garer ici.
5 Sa voiture est hors d'usage : est-il blessé ?
6 Pour faire toutes ces courses, il faut deux heures.
7 Il a grandi et il a laissé pousser ses cheveux.

Povera Stefania!

Madre di Stefania: Pronto? Buongiorno, sono Martina Chiaravalle, la madre di Stefania. Spero di non disturbarLa. Potrei parlare con Livia per cortesia?

Madre di Livia: La chiamo subito, Signora. ArrivederLa.

Madre di Stefania: Buongiorno, Livia.

Livia: Buongiorno, Signora.

Madre di Stefania: Stefania non è venuta a scuola oggi perché sta male.

Livia: O povera Stefania! Che cos'ha?

Madre di Stefania: Un po' di raffreddore, penso: tossisce, le cola il naso, ha mal di gola e la febbre a 38°5.

Livia: Che cosa dice il medico?

Madre di Stefania: Il medico non è ancora venuto; lo aspettiamo da un minuto all'altro. Ti volevo chiedere, Livia, di segnare nel diario i compiti per Stefania.

Livia: Le porto tutto a casa domani dopo la scuola, così le faccio un po' di compagnia.

Madre di Stefania: No Livia. Finché non sappiamo quello che ha esattamente Stefania, non puoi venire; ho paura del contagio. Se ti va, ci ritroviamo alle otto meno cinque davanti al portone della scuola così ti do io il diario.

Livia: Va bene, Signora. Posso richiamare in serata per sapere qualcosa?

Madre di Stefania: Come no!

❶ Chi telefona? A chi?

❷ Chi sarà Livia?

❸ Come sta Stefania?

❹ Quali sono i sintomi della malattia di Stefania?

❺ Perché la mamma non vuole che Livia venga a trovare sua figlia?

❻ Che cosa chiede Martina a Livia?

❼ A che ora si danno appuntamento e dove?

❽ Sei già restato a casa perché eri malato? Ti è piaciuto? Perché?

❾ Vai spesso dal medico? Ti sembra utile fare una visita di controllo ogni tanto? Perché?

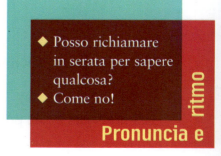

◆ Posso richiamare in serata per sapere qualcosa?

◆ Come no!

Pronuncia e ritmo

2 Leggere e capire

Leggi attentamente i quattro bigliettini.

❶ Per ognuno di essi, precisa chi scrive, a chi scrive, e per quale motivo.

❷ In quale bigliettino la persona che scrive non da' del Lei? Perché?

A

> Salve Ugo!
> Mi dispiace, ma non potrò assistere alla festa che dai sabato prossimo per il tuo compleanno : devo assolutamente andare dal dentista durante il pomeriggio per farmi togliere l'unico dente del giudizio che mi è venuto fuori!
>
> Figurati se la sera avrò voglia di divertirmi.
>
> Ti faccio tanti auguri.
>
> Stefano

C

> Gentilissima Signora Maestra,
>
> La prego di aver la gentilezza di scusare l'assenza di Stefania. La bambina ha l'influenza e non potrà frequentare la scuola per dieci giorni almeno. I compiti, li prenderà Livia Turco; appena Stefania migliorerà, la farò studiare ogni giorno.
> La prego di gradire, Gentilissima Signora Maestra, i miei distinti saluti.
>
> Martina Chiaravalle

B

> Egregio Signor Professore,
> Le chiedo di scusare il ritardo di Lucia alla sua lezione di solfeggio ma i nostri genitori sono assenti ed abbiamo fatto tardi: mi ero dimenticato di caricare la sveglia. Quindi è colpa mia, non di Lucia.
> Le porgo, Signor Professore, i miei distinti saluti.
>
> Roberto Grossi

D

> Caro collega,
>
> Francesco non è potuto venire a scuola oggi perché, ieri, ha fatto la gita a Cremona con la scuola di musica ed è tornato a casa a tarda notte.
> Le chiedo di aver la gentilezza di dare i compiti da fare per domani al fratellino Mauro.
> La ringrazio anticipatamente e Le invio cordiali saluti.
>
> Raffaello Di Busi

3 Tocca a te

● **Adesso anche tu scrivi un biglietto di scusa** (per un ritardo, un'assenza, un compito non fatto, una lezione non imparata).

> Attento ad usare le formule adatte alla persona a cui ti rivolgi.

ESERCIZI P. 23

Per connettere ≫ finché

● **Finché** non sappiamo quello che ha esattamente Stefania, non puoi venire.

La forme de politesse ≫ p. 62

● Spero di non disturbar**La**.
● Arriveder**La**.

Les pronoms COI ≫ p. 62

● **Le** porto tutto a casa domani.

Ricordare

Accidenti!

Guardare e ascoltare ▶▶

*Gianni torna dalla farmacia dove è andato a prendere le medicine
per Stefania. Entra nella camera della sorella che è a letto.*
Stefania: *(starnutisce e si soffia rumorosamente il naso)*
Acci...! A... CCI!
Gianni: Accidenti, sì... Indubbiamente, Stefi, ti sei buscata
un bel raffreddore. Ma non soffiarti il naso così forte:
mi rompi i timpani! Che cosa c'è?... Piangi?
Stefania: Uffa, non lo sai che, con il raffreddore,
bruciano gli occhi?
Gianni: Certo che la malattia non ti dona... Stai
prendendo i colori del ravanello: sei tutta bianca
bianca, con il naso rosso rosso.
Stefania: Lascia perdere, per favore, che mi fai salire
la febbre... Invece di prendermi in giro, dammi
le medicine!
Gianni: Eccole qua, cara sorellina mia. Guarda un po'
questo sacchetto: pastiglie per il mal di gola, compresse
per il mal di testa e la febbre, sciroppo contro la tosse...
un arsenale completo per bombardare i microbi...
Stefania: Ma che microbi, è un virus... Ma dimmi piuttosto perché tu... sei rosso
come un gambero?
Gianni: Rosso, io, scherzi?
Stefania: *(seria)* Rosso, sì... *(Guarda attentamente suo fratello)*... No, non ti prendo
in giro: dico sul serio. Gianni, ti sei accorto che sei coperto di brufoli?
Gianni: Ma tu, che cosa ridi?
Stefania: Perché te la prendi con me? Mamma, mamma, vieni a vedere! Gianni sta male!

1 Capire e rispondere ▶▶

❶ Dove si svolge questa scena? Perché?
❷ Da dove arriva Gianni?
❸ Che cosa fa Stefania?
❹ Come reagisce Gianni?
❺ Perché la prende in giro?
❻ A che cosa serviranno tutte queste medicine?
❼ Perché Stefania prende in giro Gianni?
❽ Chi chiamano in aiuto?
❾ Perché è comica la situazione finale?

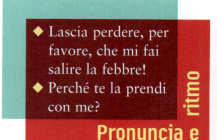

◆ Lascia perdere, per
  favore, che mi fai
  salire la febbre!
◆ Perché te la prendi
  con me?

Pronuncia e ritmo

2 Ascoltare, osservare e rispondere

- **Apri il tuo quaderno di esercizi.** Guarda attentamente la piantina e segui la strada che fa Gianni per trovare la farmacia.

ESERCIZI P. 23

3 Osservare, leggere e collegare

Osserva le illustrazioni, leggi le definizioni e collega sul tuo quaderno di esercizi la lettera e il numero esatti.

ESERCIZI P. 24

A   B   C   D   E

1. Cura i tuoi denti senza il minimo dolore.
2. Ci vai la domenica o la notte e solo per problemi gravi.
3. Fotografia della parte malata del corpo che il medico esamina per stabilire la diagnosi.
4. Lettino mobile utilizzato per trasportare i malati che non possono camminare.
5. Medico specializzato che pratica le operazioni (gli interventi).

Per aiutarti

- l'ambulanza
- la barella
- il chirurgo
- il dentista
- l'infermiera
- le medicine
- il medico
- l'ospedale
- il pronto soccorso
- la radiografia

4 Tocca a te

❶ Trova una definizione per: • l'infermiera • l'ospedale • le medicine
❷ Ritrova per ogni parola i verbi che convengono: • il medico • il chirurgo • l'ambulanza

ESERCIZI P. 24

5 Sei veloce?

- Cerca di ritrovare il più rapidamente possibile il maggior numero di parole che appartengono al campo semantico della malattia.

ESERCIZI P. 24

L'impératif　　❯ p. 62

- **Non soffiarti** il naso così forte.
- **Guarda** un po' questo sacchetto!

Ricordare

Quando c'è la salute!

C'era una volta il barone Lamberto…

Il barone Lamberto è un signore molto vecchio (ha novantatré anni), assai[1] ricco (possiede ventiquattro banche in Italia, Svizzera, Hong Kong, Singapore, eccetera), sempre malato. Le sue malattie sono ventiquattro.

5 Solo il maggiordomo Anselmo se le ricorda tutte. Le tiene elencate in ordine alfabetico in un piccolo taccuino[2]: asma, arteriosclerosi, bronchite cronica, e così avanti fino alla zeta di zoppía[3]. Accanto a ogni malattia Anselmo ha annotato le medicine da prendere, a che ora del giorno e della notte, i cibi permessi e quel-

10 li vietati, le raccomandazioni dei dottori: «Stare attenti al sale, che fa aumentare la pressione[4]», «Limitare lo zucchero, che non va d'accordo con il diabete», «Evitare le emozioni, le scale, le correnti d'aria, la pioggia, il sole e la luna».

Certe volte il barone Lamberto sente un dolorino qui o lì, ma

15 non riesce ad attribuirlo con precisione ad una delle sue malattie. Allora domanda al maggiordomo:

– Anselmo, una fitta[5] qui e l'altra lì?

– Numero sette, signor barone: l'ulcera duodenale.

Oppure: – Anselmo, ho di nuovo quelle vertigini. Che sarà mai?

20 – Numero nove, signor barone: il fegato[6]. […]

Il barone confonde i numeri.

– Anselmo, oggi vado malissimo con il ventritré.

– Le tonsille[7]?

– Ma no, il pancreas.

25 – Col suo permesso, signor barone, al pancreas abbiamo assegnato il numero undici.

Gianni RODARI, *C'era due volte il barone Lamberto*, Einaudi, 1978.

1 assai = molto
2 il taccuino: *le carnet*
3 la zoppía: *la claudication*
4 la pressione: *la tension*
5 una fitta: *un élancement*
6 il fegato: *le foie*
7 le tonsille: *les amygdales*

❶ Quanti anni ha il barone Lamberto?
❷ Perché si può dire che è ricchissimo?
❸ Quante malattie ha?
   Quale analogia c'è con i numeri?
❹ Come si chiama il suo maggiordomo?

❺ Che cosa ha immaginato per ricordare tutte le malattie del barone?
❻ Quali sono le raccomandazioni dei dottori?
❼ Perché sono comiche?
❽ Che cosa vuole sapere il barone quando interroga Anselmo? Perché è buffo?

2 Leggere e rispondere

L'aglio
Protegge dalle infezioni, disinfetta l'intestino, abbassa il colesterolo e tiene sotto controllo la pressione.

L'aceto
Può essere usato per combattere i pidocchi, in quanto l'acido dissolve il collante che tiene i pidocchi avvinti al capello.

Le carote
Le carote contengono i carotenoidi, precursori della vitamina A, essenziale per la vista.

Il latte
Una tazza di latte caldo calma la tosse : la caseina contenuta nel latte, è simile alla morfina, con effetti calmanti e soporiferi. Il latte inoltre idrata le secrezioni respiratorie e ne facilita l'espulsione.

Chiodi di garofano
Sono usati contro il mal di denti perché contengono un principio attivo (l'eugenolo) dalle proprietà antibatteriche e anestetiche.

Leggi attentamente il testo poi chiudi il libro e rispondi:

❶ Che cosa si può bere per calmare la tosse?
❷ Per conservare la vista buona, che cosa è consigliato mangiare?
❸ A che cosa serve l'aceto?
❹ E i chiodi di garofano?

❺ Quali sono gli effetti positivi dell'aglio?
❻ Anche a te capita di usare medicine naturali? Quali?
❼ Ti sembra positivo questo tipo di cura? Perché?

3 Leggere e esprimersi

Ecco alcuni modi di dire che si riferiscono ad una parte del corpo.

Espressione	Si usa per...
1. Darsi la zappa sui piedi	a. dire di stare attenti.
2. Acqua in bocca!	b. invitare qualcuno a non divulgare determinate notizie.
3. Partire con il piede sbagliato	c. ridere di nascosto per non farsi notare.
4. Fare orecchi da mercante	d. nuocersi da sé.
5. Stare con le mani in mano	e. partire male, sbagliare la prima mossa.
6. Occhio!	f. dire di stare senza fare niente.
7. Ridere sotto i baffi	g. tentare cose più grandi delle proprie forze.
8. Fare il passo più lungo della gamba	h. fare finta di non sentire, sentire solo quello che fa comodo.

❶ Di' quale parte del corpo appare in ogni espressione.
❷ Ritrova la definizione che corrisponde ad ognuna di queste espressioni.
❸ Fa' quattro frasi nelle quali userai quattro di queste espressioni.

Les pronoms COD et COI p. 62

- **Le** tiene elencate.
- **Non riesce ad attribuirlo.**

Ricordare

Per andare avanti

Crescere sani

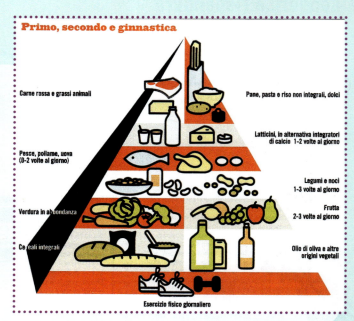

Primo, secondo e ginnastica

Carne rossa e grassi animali

Pesce, pollame, uova
(0-2 volte al giorno)

Verdura in abbondanza

Cereali integrali

Pane, pasta e riso non integrali, dolci

Latticini, in alternativa integratori
di calcio 1-2 volte al giorno

Legumi e noci
1-3 volte al giorno

Frutta
2-3 volte al giorno

Olio di oliva e altre
origini vegetali

Esercizio fisico giornaliero

1 Osservare e rispondere

❶ Quali sono gli elementi
che ti sorprendono?

❷ Quali sono i cibi da prediligere?
Quelli da evitare del tutto?

❸ Come comporre un pasto
che sia equilibrato?

❹ Che cosa diventa un esercizio fisico
quando non si ha tempo di praticare
uno sport?

2 Leggere e rispondere

ESERCIZI
P. 25

Quante calorie bruciamo durante le nostre attività fisiche?

● Ogni attività fisica o movimento che facciamo, il nostro organismo brucia delle calorie.
Nella tabella qui sotto puoi vedere quante calorie consumiamo in una mezz'ora a seconda
dell'attività fisica svolta. Leggila e rispondi alle domande nel quaderno di esercizi p. 25.

Tipo di attività fisica, movimento	Calorie bruciate in 30 minuti di attività	Tipo di attività fisica, movimento	Calorie bruciate in 30 minuti di attività
Lavori in casa:		fare ginnastica a ritmo lento	180
cucire	15	fare ginnastica a ritmo veloce	300
fare il letto	150	nuotare	270
lavare i piatti	35	pattinare	130
passare l'aspirapolvere	90	pescare	60
stirare	45	giocare a calcio	220
Sport:		Altro:	
camminare in discesa	150	stare in piedi	18
camminare in salita	430	suonare il pianoforte	50
andare in bicicletta lentamente	90	svestirsi	25
andare in bicicletta velocemente	260	vestirsi	35
ballare	250	guardare la televisione	15
correre	580	guidare l'automobile	25
fare canottaggio	360	cantare	30
sciare	230	dormire	32
giocare a pallacanestro	200	lavarsi i capelli	45
giocare a pallavolo	180	lavorare in ufficio seduti	45
giocare a ping-pong	130	lavorare in ufficio in piedi	78
giocare a tennis	250	leggere	12
fare judo	320	salire le scale	250

3 Leggere e rispondere

❶ Ritrova nel testo il contrario di:
- la malattia
- magro
- giusto
- buono
- scorretto
- squilibrato

❷ Deduci il significato del verbo ritrovando l'aggettivo che contiene.

dimagrire → diventare più magro
- arrossire
- ingrassare
- invecchiare
- rimpicciolire

❸ Sapresti dare il verbo che corrisponde a:
- farsi pallido?
- farsi più biondo?
- farsi più scuro?
- farsi rosso?

Chi cresce grasso mette in gioco la salute.

Troppo cibo, alimenti sbagliati, poco movimento costituiscono dei veri pericoli per i nostri bambini. Una cattiva alimentazione può compromettere la loro salute e condizionarne il futuro. Una corretta alimentazione, basata su cibi sani e sul giusto apporto di calorie, l'abitudine al movimento e il rispetto dei ritmi biologici, costituiscono i presupposti per una crescita armonica ed equilibrata. Se hai dei dubbi o vuoi saperne di più, parlane con il pediatra di famiglia oppure chiama il numero verde 800-903636. Crescere bene è come un gioco da ragazzi. Insegnamolo ai nostri figli.

SSt Servizio Sanitario della Toscana

La salute prima di tutto

REGIONE TOSCANA

800-903636

4 Descrivere e interpretare

❶ Descrivi il disegno.
❷ A quale racconto fa riferimento?
❸ Qual è il difetto maggiore dei porcellini nella fiaba? Nel disegno?
Quali elementi presenti in questo documento permettono di rispondere?
❹ Di quale pericolo il lupo è la metafora?
❺ A chi si rivolge il disegno? Il testo? Come interpreti questa differenza?

5 Tocca a te

❶ Immagina per quale aspetto della nostra società la pubblicità potrebbe usare le fiabe seguenti: Cenerentola? Pollicino? Biancaneve? La Bella Addormentata nel Bosco?
❷ Lavorate in due: scegliete una di queste fiabe e inventate lo slogan corrispondente.

1 Osservare, leggere e rispondere

ESERCIZI
P. 25

COLLASSO DA CALORE

Il collasso può verificarsi in climi umidi e caldi ed è causato da disidratazione.
I bambini malati, soprattutto con vomito e diarrea, e quelli non abituati a giocare in luoghi caldi sono i più esposti al rischio.

Sintomi: • *Mal di testa e capogiro* • *Nausea* • *Sudorazione* • *Cute pallida, fredda e umida* • *Crampi* • *Polso debole e accelerato*

1 Portate il bambino all'ombra o in una stanza fresca. Aiutatelo a sdraiarsi.

FATE sdraiare il bambino in una stanza fresca

METTETEGLI coperte ripiegate o un cuscino sotto la testa

2 Sollevate e appoggiate le gambe del bambino su cuscini. Ciò facilita il flusso sanguigno verso il cervello. Fatelo riposare.

SOLLEVATEGLI le gambe

3 Aiutatelo a sollevarsi e a sorseggiare quanta più acqua fredda salata (una soluzione di 5 ml/1 cucchiaino di sale al litro di liquido) riesce a inghiottire, per reintegrare i sali minerali persi dal corpo.

DATEGLI acqua fredda e salata da bere

SOSTENETEGLI le spalle mentre beve

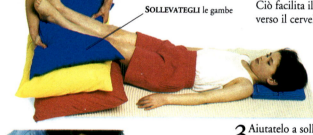

❶ Quali parole compongono «capogiro»?
❷ Da' una definizione di «sudorazione».
❸ Quale parola del testo ritrovi nel francese *cutané*? Perché?
❹ Ritrova l'infinito dei verbi usati nel documento e abbina ognuno di loro con la parte del corpo che conviene. Esempio: *sorseggiare* → *la bocca*.
❺ Come curare il collasso da calore? Riassumi in cinque consigli nel tuo quaderno di esercizi.

soccorso

2 Osservare e descrivere

1. Di' quello che fa ogni bambino.
2. Qual è il rischio di ogni azione?
3. Da' a ognuno di loro l'ordine giusto per evitare l'incidente.

Per aiutarti

- avvelenarsi
- la corrente elettrica
- il filo elettrico
- la lama del frullatore
- prendere la scossa
- il prodotto tossico
- scottarsi = bruciarsi
- sedersi
- la spina
- tagliarsi

3 Ascoltare e completare

ESERCIZI P. 25

- Apri il tuo quaderno di esercizi e completa.

Grammaire et exercices

1 L'impératif

● Il est employé pour exprimer un ordre, une injonction ou un conseil pressant.
On le forme à partir du radical de l'infinitif, auquel on ajoute les mêmes terminaisons qu'au présent de l'indicatif, sauf pour les verbes en -are (*tu*) → Entr**a**!
Pour les verbes réfléchis, les pronoms réfléchis sont soudés à la fin du verbe.

verbes en -are		verbes en -ere		verbes en -ire		
entrare	riposarsi	chiudere	mettersi	aprire	divertirsi	reagire
Entr**a**!	Ripos**a**ti!	Chiud**i**!	Mett**i**ti!	Apr**i**!	Divert**i**ti!	Reag**isci**!
Entr**iamo**!	Ripos**iamo**ci!	Chiud**iamo**!	Mett**iamo**ci!	Apr**iamo**!	Divert**iamo**ci!	Reag**iamo**!
Entr**ate**!	Ripos**ate**vi!	Chiud**ete**!	Mett**ete**vi!	Apr**ite**!	Divert**ite**vi!	Reag**ite**!

● **L'impératif négatif :**
À la 2e personne du singulier l'impératif négatif est formé de non + l'infinitif du verbe.
→ Non entrare!
Aux autres personnes, les formes de l'impératif sont simplement précédées de non.
→ Non aprite la porta! / Non rispondiamo!
Les auxiliaires essere et avere : Essere → sii, siamo, siate / Avere → abbi, abbiamo, abbiate

● **Les impératifs monosyllabiques :**
À la 2e personne du singulier, 5 verbes ont un impératif à une seule syllabe.
Les autres personnes ont une conjugaison régulière.

andare → va'   dire → di'
fare → fa'   stare → sta'   dare → da'

Attention !

2 Pronoms COD et COI

● Les pronoms COD remplacent un complément d'objet direct déjà exprimé afin d'éviter une répétition.
Segno <u>il compito</u>. → Lo segno per Stefania.
Segno <u>i compiti</u>. → Li segno per Stefania.

	masculin	féminin
singulier	lo	la
pluriel	li	le

● Les pronoms COI remplacent un complément d'objet indirect déjà exprimé, afin d'éviter une répétition.
Telefono <u>a Stefania</u>. → Le telefono ogni giorno.
Telefono <u>a Gianni</u>. → Gli telefono stasera.

	masculin	féminin
singulier	gli	le
pluriel	loro	loro

● Au pluriel, *leur* se traduit par loro toujours placé après le verbe. → Telefono loro con piacere.

3 Forme de politesse complément

● Quand *vous* est COD, on l'exprime par La en italien. → La ringrazio Signore.
● Quand *vous* est COI, on l'exprime par Le. → Le dò una risposta stasera.

1 Transforme les phrases suivantes en utilisant l'impératif (2ᵉ pers. du sg.), selon l'exemple.

Bisogna restare in casa. → *Resta in casa!*
1 Bisogna osservare la prescrizione.
2 Bisogna pulire la camera.
3 Bisogna disinfettare.
4 Bisogna rimettere in ordine.
5 Bisogna aggiustare la lampada.
6 Bisogna accendere la luce.

2 Réponds par un impératif, comme dans l'exemple.

Perché non ti riposi? → *Su! Riposati!*
1 Perché non ti alzi?
2 Perché non ti soffi il naso?
3 Perché non ti metti il pigiama?
4 Perché non ti vesti di più?
5 Perché non ti curi?

3 Transforme les verbes proposés de la 2ᵉ pers. du pl. de l'impératif à la 2ᵉ pers. du sg.

Entrate! → *Entra!*
1 Rispondete al telefono, per favore!
2 Chiudete la porta!
3 Ascoltate questi consigli!
4 Leggete attentamente la ricetta!
5 Non lasciate la finestra aperta!
6 Non uscite con questo freddo!
7 Non preoccupatevi!
8 Non dimenticate di coprirvi!

4 Remplace le complément COD en italiques par le pronom correspondant.

1 Questo sciroppo calma *la tosse*.
2 Lei prende *due compresse*.
3 Comprano *le medicine*.
4 La mamma aspetta *il medico*.
5 Il dottore esamina *i malati*.
6 Prendono *un appuntamento*.

5 Remplace le complément COI en italiques par le pronom correspondant.

1 Gianni compra le medicine *a Stefania*.
2 Parla *al farmacista*.
3 Dà le notizie *ai genitori*.
4 Telefoniamo *all'infermiera*.
5 Dà retta *ai consigli*.
6 Portano i risultati *allo specialista*.

6 Remplace chacun des *ti* par le pronom correspondant de la forme de politesse (*La* ou *Le*).

1 Ti vedo ma non ti chiamo.
2 Ti telefono: ti invito domani a casa mia.
3 Ti dico la verità.
4 Ti aspetto e ti penso.
5 Ti assicuro che ti ho chiamato ieri.
6 Ti passo a prendere e ti porto al mare.

7 Traduire en italien.

1 Puis-je vous rappeler pour prendre des nouvelles ?
2 Je vous donne rendez-vous demain devant la pharmacie, Madame.
3 Il ne dit rien : demande-lui des nouvelles !
4 De quoi ris-tu ? Tu t'es rendu compte qu'il est tout vert ?
5 Je vous remercie beaucoup pour votre gentillesse.

8 Traduire en français.

1 Non lo sai che con l'influenza la febbre è sempre alta?
2 Perché mio fratello se la prende sempre con me?
3 Lascia perdere, che non te ne intendi per niente!
4 Mi dispiace ma Lei deve farsi togliere questo dente del giudizio.
5 Le chiedo di scusare questo ritardo.

Non ce la fa più!

La scena si svolge a casa di Antonella.
Suo padre viene ad annunciarle
una notizia importante.
Il padre: *(bussa)* Antonella! Con permesso?
Ti posso parlare un attimo?
Antonella: Certo, papà, entra pure!
C'è qualcosa che non va?
Il padre: No, no, va tutto bene
(imbarazzato)… Ho avuto una lunga
telefonata con lo zio Amedeo…
Antonella: Come sta lo zio?
Il padre: Sta benissimo. Però è molto
stanco, sai… Ha tantissimi impegni:
tra l'albergo e il ristorante, non ce la fa più.
Antonella: Ci credo. Dovrebbe farsi aiutare.
Il padre: Appunto, ha bisogno di aiuto. Allora abbiamo preso, con tua madre,
una grande decisione: ci trasferiamo a Palermo.
Antonella: *(sorpresa e dispiaciuta)* A… Palermo?… Traslochiamo tutti?
Il padre: Certo, facciamo il trasloco entro un mese o due al massimo e ci sistemiamo
a Palermo. Divento il socio di mio fratello. Assumerò la gestione dell'albergo,
mentre lui gestirà il ristorante.
Antonella: *(gridando)* E io? Non conto niente? A me, chi ci pensa?
Il padre: Antonella! Calmati. Mica ti dimentichiamo! A Palermo, i licei non mancano.
Antonella: I licei, sì, ma… *(Scoppia a piangere.)*

1 Capire e rispondere

1. Dove si svolge la scena?
2. Chi parla? Con chi?
3. Chi è lo zio Amedeo?
4. Dove abita?
5. Che lavoro fa?
6. Quale decisione hanno preso i genitori di Antonella? Perché?
7. Che cosa faranno? E lo zio Amedeo, allora?
8. Come reagisce Antonella? Perché, secondo te? Chi le mancherà?
9. Fin dall'inizio il padre è imbarazzato: come mai?

◆ Con permesso!
  Ti posso parlare
  un attimo?
◆ C'è qualcosa
  che non va?

Pronuncia e ritmo

Partenza per Melbourne

È venerdì 11 marzo.
La Phuong parte per Melbourne.
Alle 6 e mezzo di mattina ero davanti alla sua porta di casa. C'erano la Phuong, i
5 suoi genitori, il fratellino Thac, lo zio Nhi e alcuni amici. Erano tutti molto eleganti, eccitati e non tanto tristi. La Phuong era bellissima, si era anche tagliata i capelli e non sembrava dispiaciuta di andarsene.
10 Aveva voglia di conoscere i parenti e il posto dove sarebbe andata a vivere. Alle sette eravamo tutti alla Stazione centrale ed io cercavo di godermi[1] l'ultima oretta con la mia migliore amica.
15 Phuong mi spiega che verso le 10 il treno sarebbe arrivato all'aeroporto di Roma e... dopo 22 ore di volo sarebbe arrivata finalmente a Melbourne, sabato alle 10 di mattina. E dicendo questo sorrideva
20 come lei fa sempre, ma questa volta più a fatica[2]. Io ho retto a stento[3] le lacrime. Ci siamo fermati al bar per prendere un cappuccino e per fare le ultime risate insie-

me, perché lei riesce a ridere sempre. Io invece non sono riuscita a buttar giù[4] 25 niente, neanche le patatine preferite che la Phuong mi aveva offerto. [...]
Abbiamo ripreso i bagagli e ci siamo avviati verso il treno. Adesso dovevamo salutarci definitivamente: la Phuong mi 30 abbraccia stretta stretta e continua a sorridere, io piango e mi chiedo come faccia lei a resistere. Scatto alcune foto mentre loro salgono sul treno. [...]
Puff, puff! il treno sta partendo. La 35 Phuong, con la mano sul vetro, mi fa cenno di[5] scriverle e si allontana.
(Marzo 1994)

Alice STURIALE, *Il libro di Alice*, Rizzoli, 1997.

---

1 godermi: *profiter*
2 a fatica: *avec des efforts*
3 ho retto a stento le lacrime: *j'ai retenu mes larmes à grand peine*
4 buttar giù: *avaler*
5 fa cenno di: *elle fait signe de*

ESERCIZI P. 29

❶ Apri il tuo quaderno di esercizi e scrivi nelle colonne corrispondenti le parole del testo che esprimono l'allegria o la tristezza.
❷ Rileggi questo testo poi metti a confronto la situazione e le reazioni dei personaggi di questo testo con il dialogo tra Antonella e suo padre.
Quali sono i punti in comune? Le differenze?

Per aiutarti

- anche
- così... come
- diverso da...
- invece
- mentre
- simile a...
- stesso
- tutti e due / tutte e due
- uguale a...

3 Ascoltare e capire

- Apri il tuo quaderno e rispondi alle domande.

ESERCIZI P. 29

Ricordare

Molto ▶ p. 76
- È **molto** stanco.

Le superlatif ▶ p. 76
- Sta ben**issimo**.
- Ha tant**issimi** impegni.

Che brutta notizia!

Gianni, Marina, Bruno e Stefania si trovano nella camera di Antonella. Tutti e cinque sono tristi e Antonella ha le lacrime agli occhi.

Gianni: Beh, ragazzi, che brutta notizia!

Bruno: Certo! Chi se l'aspettava?

Marina: In Sicilia poi! Ci vuole un secolo per scendere laggiù, chi sa quando ci rivedremo!

Antonella: Tutto questo l'ho già detto al babbo, ma con il successo che vedete. Pretende che, dallo zio, il lavoro c'è, e sicuro mentre qui, a Siena, la sua ditta non va tanto bene e dice che prima o poi si ritroverà disoccupato. Che cosa si può ribadire a questo? Quando penso alla partenza mi viene un groppo alla gola e…

Stefania: *(in lacrime)* Non voglio che tu parta, Anto'. I tuoi genitori scendono in Sicilia ma tu rimani qui, a Siena, tanto, a casa nostra, un posto c'è nella mia camera.

Antonella: *(scoppia in un pianto dirotto e dopo un po')* Oddio, Stefania, come sei carina, ma guarda che devo seguire la mia famiglia. Neanche per loro è facile, sai. Ma amici come voi, non li ritrovo, di certo.

(Entra la madre di Antonella.)

Madre: Su, ragazzi! Fatevi coraggio! Palermo non è in capo al mondo. Un'ora di aereo ed eccovi da noi. Potrete vedervi ad ogni vacanza: una volta verrà Antonella e una volta scenderete tutti voi, poiché, nella nuova casa, spaziosissima, ci sarà posto per tutti. Scoprirete anche Palermo, una città davvero magnifica. Non dovete aver paura della novità! Ora, venite con me in cucina. Ho preparato uno zabaione e un pan di Genova.

1 Capire e rispondere ▶▶

1. Dove si trovano i ragazzi? Come si sentono?
2. Di quale notizia si tratta?
3. Qual è la paura di Marina?
4. Per quale motivo Antonella lascia Siena?
5. Come si sente Antonella? Che cosa lo indica?
6. Che cosa propone Stefania?
7. Come reagisce Antonella?
8. Chi arriva per rincuorare i ragazzi?
9. Quali argomenti utilizza?
10. E tu, hai già cambiato casa? Per quale motivo?

◆ Su, ragazzi! Fatevi coraggio!
◆ Palermo non è in capo al mondo!
◆ Un'ora di aereo ed eccovi da noi.

Pronuncia e ritmo

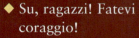

2 Osservare e dedurre

- allegria
- amore
- apprensione
- curiosità

- entusiasmo
- felicità
- generosità
- gentilezza

- ottimismo
- pessimismo
- timore
- tristezza

❶ Lavorate in due. Uno da' un nome, l'altro deduce l'aggettivo corrispondente. Attenti, tra questi aggettivi, tre finiscono in -a.

❷ Apri il tuo quaderno di esercizi e ritrova i verbi che conosci e che appartengono al campo dei sentimenti.

ESERCIZI P. 30

3 Osservare e descrivere

❶ Indica quali sono i passatempi di Antonella.

❷ Antonella prova anche una particolare simpatia per certi animali: puoi ritrovare quali?

❸ Precisa i suoi gusti nel campo alimentare.

❹ Oggi si fa' un po' di pulizia. Prima di pulire, che cosa deve fare Antonella? Dalle dieci consigli, per esempio: Appendi la camicetta nell'armadio.

Che cosa deve fare con:
- la biancheria
- il bicchiere
- i calzini
- il cappello

- la giacca
- i gioielli
- i pattini
- le penne

- la pianta
- la racchetta
- le riviste
- la tazzina

Per aiutarti
- appendere
- buttare nella pattumiera
- cambiare
- mettere a posto

- pulire
- rifare il letto
- riordinare
- sistemare
- spegnere
- togliere

Per connettere ≫ poiché

- Scenderete tutti voi **poiché** nella nuova casa ci sarà posto per tutti.

Ricordare

Le futur des verbes réguliers ≫ p. 76

- scopri**rete**
- scende**rete**
- si ritrove**rà**

Le verbe **rimanere** ≫ p. 76

- Ma tu **rimani** qui, a Siena.

Le pluriel des mots tronqués ≫ p. 76

- il papà ➜ i papà
- la città ➜ le città

Tirati un po' su!

Il padre di Antonella *(entra nella stanza di Antonella):* A che punto siamo? Hai finito di preparare i tuoi pacchi?

Antonella: Papà, ma dobbiamo proprio partire?

Il padre: Non è la fine del mondo, tirati un po' su Antonella!

Antonella: Lo so, ma mi dispiace tanto lasciare il nostro appartamento di Siena…

Il padre: Lo sai che a Palermo avremo una casa spaziosa. Si trova in riva al mare, sicché dalla tua stanza potrai vedere la spiaggia!

Antonella: È grande la mia stanza?

Il padre: È abbastanza grande con un bel balcone. Sotto c'è un orticello con le piante di limone e una bella palma; se vorrai, sceglierai alcuni mobili nuovi per la tua stanza.

Antonella: Ci sarà un po' di posto per tenere un gatto?

Il padre: Vedremo, ma sono sicuro che potremo sistemare tutte le tue cosettine e chissà, forse anche un micio!

Antonella: Come mi piacerebbe averne uno! E vorrei anche una grande scrivania davanti alla finestra per sentire le onde del mare quando studio le lezioni. Certo frequenterò un'altra scuola.

Il padre: A Palermo c'è un ottimo liceo, poi i ragazzi siciliani sono molto accoglienti. I tuoi cugini ti aspettano con impazienza.

Antonella: È vero?

Il padre: Suvvìa! Vogliamo finirli questi preparativi?

1 Capire e rispondere

❶ Antonella ha finito di preparare i suoi pacchi? Perché?
❷ Che cosa non vuole lasciare?
❸ Come sarà la sua casa a Palermo?
❹ Come sarà la camera di Antonella?
❺ Che cosa vorrebbe avere Antonella?
❻ Chi l'aspetta a Palermo?
❼ È facile lasciare una casa? Perché?
❽ In quale posto ti piacerebbe abitare?
❾ Come la vedi la casa dei tuoi sogni?
❿ Che cosa vorresti avere nella tua camera?

◆ Ci sarà un po' di posto per tenere un gatto?
◆ Come mi piacerebbe averne uno!

Pronuncia e ritmo

2 Ascoltare, reperire e scrivere

ESERCIZI P. 30

A Tutti mi chiamano per nome, cioè Carla!
...
Dal balcone del nostro appartamento possiamo vedere il golfo e il Vesuvio.

B Mi chiamo Francesca e abito in una casa in mezzo ai campi e alle viti.
...
Da qui si vedono molto bene Palazzo Vecchio e la Cupola di Brunelleschi.

C Mi chiamo Lorenzo.
...
Quando un amico straniero viene a trovarmi, lo porto a vedere la casa natia di Cristoforo Colombo situata di fronte alla nostra.

D Se ti fermi alla pizzeria Vittorio Emanuele, chiedi di Cristoforo. Abito al piano di sopra.
...
Se vieni in Lombardia, non puoi fare a meno di visitare la mia città: non è soltanto la megapoli industriale che tutti conoscono, è anche una città d'arte e di cultura importante.

❶ Ascolta e indovina in quale città vivono Carla, Francesca, Lorenzo e Cristoforo. Quali indizi ti hanno aiutato a trovare la risposta?

❷ In quale tipo di abitazione vive ognuno?

❸ Per quali motivi questi quattro personaggi apprezzano le loro città?

❹ Abbina ogni personaggio al numero che corrisponde alla propria città e identifica sulle fotografie gli elementi più caratteristici di ognuna di loro.

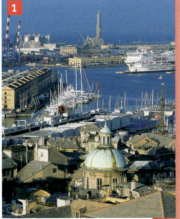

Per connettere ≫ sicché – se

- Si trova in riva al mare **sicché** potrai vedere la spiaggia.
- **Se** vorrai sceglierai alcuni mobili nuovi per la tua stanza.

Le futur des auxiliaires et semi–auxiliaires ≫ p. 76

- ci sarà
- avremo
- potrai
- vorrai

Ricordare

Le isole all'

1 Osservare la cartina

❶ Per quale motivo, le isole italiane sono state oggetto di colonizzazioni durante tutta la storia?

❷ Oggi, perché i giornali parlano di Lampedusa?

❸ In che cosa la sua situazione geografica spiega i problemi di immigrazione?

2 Leggere e rispondere

ESERCIZI
P. 31

● Leggi attentamente i testi seguenti e, nel tuo quaderno di esercizi, compila il quiz di geografia.

La Sardegna

Seconda isola del Mediterraneo; come la Sicilia, era luogo d'incontri delle diverse civiltà, dai fenici ai saraceni fino agli spagnoli. Tra le diverse tracce architettoniche presenti sull'isola sono particolarmente originali i nuraghi : sono costruzioni neolitiche formate da una torre spesso in posizione elevata, talvolta circondata da costruzioni più piccole e che erano destinate a proteggere le popolazioni. Ce ne sono più di 7000 sull'isola e sono famosi i siti di Barumini e Tiscali.

Capri

Tra le tre isole del Golfo di Napoli, è quella più famosa (le altre sono Ischia e Procida). Già in epoca romana era prediletta dagli imperatori Augusto e Tiberio. Oggi le sue ville ospitano grandi scrittori, noti intellettuali o divi del cinema.

Elba

Ultimo pezzo di un continente, la Tirrenide, l'isola era sfruttata dagli etruschi per il suo ferro. L'imperatore francese Napoleone I vi trascorse un esilio famoso, tra il 1814 e il 1815.

Le Isole Eolie

Così vengono chiamate le isole che appartengono all'arcipelago che si trova a nord est della Sicilia.

Lipari, Salina, Vulcano, Stromboli, Panarea, Filicudi, Alicudi rappresentavano tutto un mondo di leggende per le loro attività vulcaniche o le loro sorgenti termali. Furono colonizzate dai greci nel VI secolo a.C.

Le Isole Pelagie

Sono le isole di Lampedusa, Linosa e Lampione.

- a.C. = avanti Cristo
- d.C. = dopo Cristo
- a nord, a sud, ad est, ad ovest
- di fronte a..., dinanzi a...
- all'altezza di...
- al largo di...
- tra la costa meridionale / settentrionale / orientale / occidentale
- sotto / sopra
- dietro / davanti

Per aiutarti

imperfetto

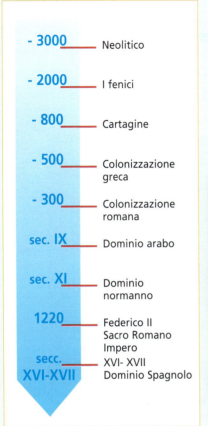

- 3000	Neolitico
- 2000	I fenici
- 800	Cartagine
- 500	Colonizzazione greca
- 300	Colonizzazione romana
sec. IX	Dominio arabo
sec. XI	Dominio normanno
1220	Federico II Sacro Romano Impero
secc. XVI-XVII	XVI- XVII Dominio Spagnolo

1 Cattedrale

3 Palazzo dei Normanni

2 Statue moresche

La Sicilia

Ha avuto il maggior numero di invasori stranieri: i fenici, i greci, i romani, gli arabi, i normanni e così via. Tali incontri di civiltà hanno lasciato molte tracce. Palermo fu fenicia, poi cartaginese, romana, bizantina prima di conoscere una fase culturale interessante con gli arabi durante il sec. IX. I normanni ne fecero una capitale e un centro di scambi importante del Mediterraneo. L'imperatore Federico II vi stabilì la sede del Sacro Romano Impero e si studiavano i testi e si parlavano le lingue più importanti: l'ebraico, il greco, il romano, l'arabo…

L'isola fu anche possedimento francese, aragonese, spagnolo prima di figurare tra le prime regioni del sud che si unirono al Regno d'Italia con la famosa spedizione dei Mille di Garibaldi.

3 Osservare, leggere e rispondere

❶ Localizza la Sardegna e la Sicilia.
❷ Dove si trovano le isole Pelagie?
❸ Dove si trovano le isole Eolie?
❹ A quale nome della mitologia si riferisce l'arcipelago eolico?

❺ Perché la Sicilia ha conosciuto il maggior numero di invasioni?
❻ Quali erano le lingue importanti del medioevo? Perché?

1 Commentare ▶▶

Sicilia

La Sicilia è la quarta regione italiana per numero di abitanti. Una volta terra di emigrazione, oggi accoglie molti immigrati provenienti soprattuto dai paesi nord-africani.

❶ La Sicilia era chiamata Trinacria (= tre punte). Ritrovane il simbolo tra gli stemmi rappresentati sopra.

❷ Ritrova sulla cartina le grandi città antiche.

❸ In quali province vengono prodotti i vini più noti?

❹ Quali frutti produce l'isola?

❺ Le viti dello Zibibbo (un vino siciliano) vengono da Damasco. Quale civiltà le ha portate in Sicilia?

La ricetta delle mandorle glassate

Ingredienti:
- mandorle sgusciate, 300 g
- 1 albume d'uovo
- zucchero a velo, 150 g
- 1/2 bicchiere d'acqua

Preparazione: 30 minuti

Fate tostare le mandorle per 5 minuti nel forno caldo.

Montate a neve l'albume, unite lo zucchero, l'acqua e le mandorle.

Mescolate bene e lasciate raffreddare.

La Sicilia e l'Europa

1 Le principali attività dell'isola

>> ESERCIZI P. 31

Le principali attività dell'isola

Agricoltura
- cereali (nelle aree dell'interno)
- agrumi, frutta, verdura, uva, olive e mandorle (nelle zone costiere)

Produzione ittica
- il 30 % del pescato italiano (centro: Mazara del Vallo)

Industria
- grandi complessi petrolchimici e chimici: Augusta, Gela, Porto Empedocle
- alimentari: conserverie
- tessile

Il settore terziario
- assicura il 70 % del reddito dell'isola.
- turismo, amministrazione e commercio

2 Anch'io vorrei andare in Sicilia...

>> ESERCIZI P. 31

1 Kevin, studente in agricoltura.

2 Martina, studentessa in archeologia.

3 Pablo, studente in architettura.

4 Matthieu, studente in geologia.

- Ascolta e completa la tabella a pagina 31 del tuo quaderno di esercizi.

Grammaire et exercices

1 Molto, tanto, troppo, poco

Dans une phrase, molto, tanto, troppo, poco sont :
- soit **des adverbes** et dans ce cas ils restent invariables. → Non sembrano molto stanchi.
- soit **des adjectifs ou des pronoms** et dans ces deux cas ils s'accordent avec le substantif qu'ils accompagnent ou qu'ils remplacent.
    → Ha molta paura. / Ha tanti impegni. / – Ha molti impegni? – Sì, ne ha troppi!
Attention à l'orthographe de poco lorsqu'il s'accorde !
    → Conosce poca gente, pochi ragazzi e poche ragazze.

2 Le superlatif

On peut le traduire soit par molto ou assai, soit par le suffixe -issimo, soit par le redoublement de l'adjectif. → Gianni sta molto bene. / Gianni sta benissimo. → Camminava piano piano.
Attention, devant un substantif, on fait l'accord. → Ha tantissimi impegni.

3 Le futur des verbes réguliers   cf. mémento de conjugaison p. 176.

verbes en -are : trovare	verbes en -ere : scendere	verbes en -ire : finire
troverò…	scenderò…	finirò…

4 Le futur des auxiliaires et semi-auxiliaires   cf. mémento p. 177-178.

essere	avere	potere	dovere	volere
sarò	avrò	potrò	dovrò	vorrò
sarai…	avrai…	potrai…	dovrai…	vorrai…

5 Le verbe *rimanere*

présent		futur		impératif
rimango	rimaniamo	rimarrò	rimarremo	Rimani!
rimani	rimanete	rimarrai	rimarrete	Rimaniamo!
rimane	rimangono	rimarrà	rimarranno	Rimanete!

6 Pluriel des mots tronqués

Les mots accentués sur la dernière syllabe ne changent pas au pluriel.
    il papà → i papà / la città → le città / la novità → le novità

① Réécris les phrases suivantes sans les parenthèses.
1 Antonella ha pianto (molto).
2 Lascia (tanto) amici a Siena!
3 Si arriva a Palermo in (poco) ore.
4 (Quanto) pacchi da portare via!
5 Mi piace (troppo) la mia città, non parto!
6 Torno presto a casa, ho (molto) compiti da fare.
7 Per capire bene, bisogna imparare (tanto).

② Réponds aux questions suivant le modèle.
Sta bene lo zio? → *Sì, lo zio sta benissimo!*
1 Ha tanti impegni?
2 È stanco lo zio?
3 È triste Antonella?
4 Sono simpatici i palermitani?
5 Sono deluse le ragazze?
6 È importante il compito di italiano?
7 Avete molte lezioni da imparare?

③ Donne pour chacune de ces formes verbales son équivalent au futur.
1 trovo   4 finiscono   7 capisci
2 scende   5 piange   8 leggo
3 scoprite   6 mettete   9 partiamo

④ Mets les phrases suivantes au futur.
1 Chi sa quando ci rivediamo!
2 Papà lavora dallo zio.
3 Scendete in Sicilia per le vacanze?
4 Ti portiamo un bel regalo per Natale.
5 Basta volere per progredire.
6 Scrivo a mia zia e le chiedo di ospitarci.
7 Sulla spiaggia ci abbronziamo in pochi giorni.

⑤ Donne pour chacune de ces formes la personne qui suit.
1 potrò   5 sarà   8 dovrete
2 avremo   6 vorrai   9 rimarrò
3 troverà   7 sceglieremo   10 vorrete
4 vedrai

⑥ Conjugue les verbes entre parenthèses au futur.
1 Noi (essere) contenti di accoglierti.
2 I miei amici (avere) presto il mio indirizzo.
3 Forse lei (rimanere) sola a casa.
4 Se tu (volere), (potere) venire a casa nostra.
5 Noi (dovere) aiutarla a fare i pacchi.
6 Tu (avere) il coraggio di dirglielo?
7 Voi (rimanere) in piedi mentre loro (essere) seduti.

⑦ Mets les phrases suivantes au pluriel.
1 La città più famosa si trova in Italia.
2 Assaggio sempre la specialità locale.
3 Io non ho mai paura della novità.
4 Gli piace il caffè quando è stretto.

⑧ Complète les phrases à l'aide des connecteurs suivants :

sicché ● poiché ● se

1 … sei così bravo, fammi vedere quello che hai saputo fare!
2 Non ho il suo indirizzo … non mi sarà possibile scriverle.
3 Potrai uscire … avrai finito il tuo esercizio.

⑨ Traduis en français.
1 Se ti alzerai presto, potrai accompagnarci.
2 Assumerò la gestione dell'albergo perché mio fratello non ce la fa più.
3 Su, ragazzi! Fatevi coraggio!
4 A che punto siamo? Hai finito?

⑩ Traduis en italien.
1 Si nous travaillons bien, nous irons en Sicile.
2 Tu pourras avoir un chat, si la maison est grande.
3 Elle visitera les villes siciliennes et goûtera les spécialités locales.
4 Quelle mauvaise nouvelle! Allez, reprends courage !

USCITA

Sei troppo giovane, Stefania!

Stefania: Ugo, mi vorresti portare al cinema stasera? Me lo prometti da tanto tempo.
Ugo: Stasera non posso, Stefi. Lo sai che il sabato sera faccio il baby-sitter dai Caravacci dalle sette a mezzanotte.
Stefania: Eh, già! Beato te! Hai avuto lì una bell'opportunità; così ti puoi mettere da parte un bel gruzzolo per le vacanze. Però, anch'io sarei capace di occuparmi di bambini, non credi Ugo?
Ugo: Ma Stefania, con i tuoi dodici anni, sei troppo giovane! Nessuno ti affiderebbe un neonato, neanche per due ore.
Stefania: I genitori di Luigino e di Gemma si fidano di te ma lo sanno che invece di divertire la bambina, tu telefoni alla tua ragazza o giochi a scacchi con Matteo?
Ugo: Ma che stai dicendo? Quando arrivo, Gemma ha già cenato, guardiamo un cartone animato, la metto a letto e prima di spegnere la luce, le leggo una storia. Dopo, mi tocca aspettare l'ora di dare il biberon e di cambiare il pannolino a Luigino. Dunque mi occupo come voglio e i Caravacci mi hanno detto di utilizzare il loro computer come mi pareva.
Stefania: Sì, sì, va bene, ma non mi toglierai dal cervello che anch'io sarei una brava baby-sitter!

1 Capire e rispondere

1. Perché Stefania potrebbe andare al cinema?
2. Perché Ugo non è in grado di mantenere la promessa fatta alla sorellina?
3. Di quanti bambini deve occuparsi?
4. Che cosa vorrebbe fare Stefania?
5. Perché non può? Secondo te, sono esatte le ragioni date da Ugo?
6. Che cosa fa Ugo mentre sta lavorando?
7. Hai già fatto il (la) baby-sitter?
8. Ti è piaciuto? Perché?

◆ Eh, già! Beato te!

Pronuncia e ritmo

2 Leggere, rispondere e dare un parere

Beppe

– Vorrei più soldi per risparmiarli e comprarmi un computer.

Lucia

– Secondo me a noi ragazzi non servono soldi.

Michela

– Secondo me questa è una cosa molto importante perché così si impara a gestire.

Marcella

– Mi danno i soldi quando prendo bei voti.

Enzo

– Io per avere la paghetta devo aiutare la mamma: devo pulire il bagno e farmi il letto.

Luca

– La mamma mi dà soldi perché vuole vedermi felice.

Leo

– Io me li metto nel salvadanaio.

Sandra

– I miei dicono che non tocca ai figli gestire i soldi.

❶ Leggi attentamente ogni frase.
❷ Chi riceve la paghetta, chi invece non la prende?
❸ Spiega quello che hanno voluto dire Beppe, Leo e Sandra.

❹ Che cosa puoi dedurre dal carattere di Lucia, di Leo e di Michela?
❺ Quale parere condividi?
❻ Chiedi al tuo vicino il suo parere.

3 Ascoltare e completare

● Ascolta attentamente il testo una prima volta e alla seconda volta completa nel tuo quaderno di esercizi con le cifre che senti.

ESERCIZI
P. 35

4 Tocca a te

● **Hai visto un'inserzione per un(-a) baby-sitter.**
Telefoni per presentare la tua candidatura;
immagina il dialogo con la mamma o il papà dei bambini.
❶ Lavorate in due, poi mettete il vostro dialogo in scena.
❷ Stendi l'inserzione.

Les pronoms groupés (1) p. 90

● **Me lo** prometti da tanto tempo.

Les nombres p. 90

● sette   ● dodici   ● due

Ricordare

Uffa Stefania!

Ugo sta cercando di aggiustare il clacson del motorino che non funziona più.
Ma le cose si mettono male e il giovanotto si arrabbia.

Ugo: Uffa! Ma guarda che roba! Possibile che ti vendano una qualità così scadente!
Un motorino quasi nuovo e il clacson è già guasto!

Stefania: Certo Ugo, tu non farai il meccanico. Non sembra la professione adatta per te…

Ugo: Ma che ne sai tu, Signorina Ficcanaso? Il meccanico, non lo voglio fare di certo,
ancorché oggigiorno molte cose dipendano dall'informatica, dunque, tutto sommato…

Gianni: Ugo, per te, neanche l'insegnamento andrebbe bene: per essere insegnanti,
occorre dimostrarsi pazienti…

Ugo: Ma va' là che mi fai venire il nervoso. E a te,
che cosa converrebbe? Alpino, forse, siccome ti piacciono
la disciplina, gli sforzi e sei molto bravo nello sci?

Gianni: Spiritoso! Ah! Ecco Marina e Bruno. Ragazzi,
stavamo parlando delle nostre future
professioni e sconsigliavamo a Ugo sia la meccanica,
sia l'insegnamento. E voi che cosa vorreste fare?

Marina: Ma, io ancora non so di preciso.
Credo che mi troverei bene all'aperto,
e non in un ufficio. Comunque, abbiamo ancora
un pò di tempo per rifletterci.

Bruno: Io, invece ho già deciso; poiché mi interessa venire
in aiuto alla gente e mi piace il movimento,
ho scelto di essere vigile del fuoco.

Stefania: Tu! Ma se ti lamenti sempre del caldo
che fa in Italia…

Tutti: Uffa Stefi, smettila!

Stefania,
Signorina
Ficcanaso!

❶ Che cosa sta facendo Ugo?

❷ Perché Stefania pretende che Ugo
non può fare il meccanico?

❸ Qual è la qualità essenziale dell'insegnante,
secondo Gianni?

❹ Quali qualità devono avere gli alpini?
Perché, secondo te?

❺ Che cosa vuole diventare Bruno? Perché?

❻ E tu, hai già pensato ad una professione? Quale?

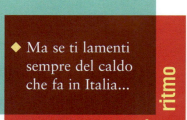

◆ Ma se ti lamenti
sempre del caldo
che fa in Italia…

Pronuncia e ritmo

la farmacista · il medico · il droghiere · il contadino · la fioraia · la hostess · il pilota

l'architetto · il giudice · l'avvocatessa · la ragioniera · il cameriere · il falegname · il fornaio

2 Riflettere e rispondere

❶ In che cosa consistono le differenti professioni illustrate più su?
❷ Quali qualità richiede ognuna di esse?

3 Tocca a te

❶ Chiudi ora il tuo libro e scrivi il nome delle prime cinque professioni che ti vengono in mente.
❷ Fra questi cinque mestieri, quali ti converrebbero?
Quali invece non farebbero per te?
Ogni volta devi giustificare la tua risposta.

4 Ascoltare e completare

❶ Ascolta attentamente i cinque testi registrati.
❷ Apri il tuo quaderno di esercizi e ritrova la professione che a ogni ragazzo piacerebbe fare e le ragioni della sua scelta.

ESERCIZI P. 36

Per connettere siccome

- **Siccome** ti piacciono la disciplina, gli sforzi, puoi fare l'alpino.

Le conditionnel p. 90

- Neanche l'insegnamento andr**ebbe** bene.

La tournure impersonnelle

Quand le verbe est accompagné d'un attribut, celui-ci est au pluriel.
- Quando si è insegnant**i**, si è pazient**i**.

Ricordare

Lavoro uguale libertà

Guardare e ascoltare ▶▶

Ottobre 1968. Sono passati più di trent'anni da quel pomeriggio in cui dissi ai miei che avevo voglia di lavorare: a scuola me la cavavo e nel pomeriggio mi rimaneva qualche ora.

5 Avevo due possibilità: fare da segretaria nello studio medico di zio Lollo, con qualche imbarazzo per le mance[1], oppure aiutare zia Isabella alla scuola di danza di Mimma Testa, che era alle Belle Arti, a cinque minuti da casa. Scelsi[2] la seconda. Lavoravo quattro pomeriggi
10 alla settimana, dalle 15 alle 19, guadagnavo trentamila lire al mese e mi sentivo in paradiso.

Non dimenticherò mai la mia prima busta-paga, una delle emozioni più grandi della mia vita: Correvo felice sulla ghiaia[3] del cortile del grande palazzo [...] contando i
15 soldi. Per calcolare il valore di quello stipendio, pensate che allora il cinema di prima visione costava mille lire, un paio di scarpe sulle diecimila lire, un litro di miscela[4] centoquaranta. Lavoro uguale libertà: non dimenticatelo mai, vi prego.

Barbara PALOMBELLI, *C'era una ragazza*, Mondadori, 1999.

---

1 la mancia: *le pourboire*
2 scelsi: *(passé simple de* scegliere*)*
   je choisis
3 la ghiaia: *le gravier*
4 la miscela: *le mélange 2 temps*
   (carburant fait d'huile et d'essence)

1 Capire e rispondere ▶▶

❶ A che anno risale l'episodio raccontato dall'autrice?
❷ Quanti anni sono passati?
❸ Perché riesce ad avere un po' di tempo libero?
❹ Che cosa vuole fare?
❺ Quali possibilità ha?
❻ Quale sceglie?

❼ Calcola quante ore al mese lavora.
❽ Quanto guadagna?
❾ Con il suo stipendio, quante volte al mese può andare al cinema?
❿ Quante paia di scarpe si può comprare?
⓫ Qual è la sua conclusione? Che cosa ne pensi?

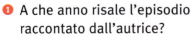

2 Leggere e capire

16ENNE STUDENTESSA al liceo linguistico cerca lavoro generico (BABY SITTER, COMMESSA, DISTRIBUZIONE VOLANTINI, ECC.) **1**

17enne cerca lavoro come cameriera barista assistente mini club o baby sitter presso villaggi o hotel che offrono vitto e alloggio. **2**

18enne studente francese, serio e volenteroso, residente in Bretagna, cerca lavoro come receptionista / cameriere / generico zone turistiche Laghi Garda e Como; Lombardia - Liguria - Veneto. Disponibile dal 1° agosto al 12 settembre. Voglio migliorare la lingua ita- **3**

20ENNE SPAGNOLA STUDENTESSA, cerca lavoro per mesi estivi / stagione 2006 a Firenze, come cameriera / receptionista o generico. Massima serietà. Voglio migliorare la lingua italiana. **4**

❶ Quale lavoro è pronta a fare la studentessa del 1° annuncio? Spiega in che cosa consistono questi lavori.

❷ Quali vantaggi presentano i villaggi o hotel che offrono vitto e alloggio (annuncio 2)?

❸ Che punto hanno in comune i giovani degli annunci 3 et 4?
Perché vogliono lavorare in Italia?
In quali regioni vogliono lavorare?
Per quale periodo?
Come mai questa precisazione?

3 Tocca a te

- Adesso apri il tuo quaderno di esercizi e scrivi anche tu.

ESERCIZI P. 36

4 Osservare, analizzare e scrivere

Sandro GITANTI
Via dei Martiri d'Italia, 75
65100 Pescara

Spettabile Ditta UPIM
Ufficio del Personale
Piazza Gabriele d'Annunzio
65100 Pescara

Pescara, il 15 aprile 2005

Spettabile Ufficio,

Mi permetto di presentare domanda per l'impiego estivo di cassiere nel vostro negozio di Piazza Gabriele d'Annunzio a Pescara. Sono libero i mesi di luglio e agosto.

Ho diciannove anni e sto ultimando il liceo. Dovrei ottenere entro giugno la maturità linguistica che preparo e sono desideroso di guadagnare denaro, in previsione della mia iscrizione all'università.

La mia esperienza professionale è ovviamente limitata: l'anno scorso, ho fatto da guida durante il mese di luglio per conto dell'Ufficio di Turismo di Pescara. Allego una copia della lettera rilasciatami dalla responsabile delle guide dell'Ufficio.

Sono deciso ad impegnarmi nella Vostra ditta e, perciò, interamente disponibile.

Spero che la mia richiesta venga accolta favorevolmente e che mi sia concesso l'onore di un colloquio. Vi prego di gradire i miei distinti saluti.

❶ Spiega: chi scrive?
A chi scrive? Perché?

❷ Trasforma questa lettera in un annuncio per il giornale.

L'imparfait » p. 90

- lavor**avo**
- av**evo**
- mi sent**ivo**

La préposition «da» » p. 90

- fare **da** segretaria

Ricordare

1 Leggere, rispondere e scrivere

È utile il francese?

«Mi chiamo Mauro e frequento il quarto anno di liceo a Mantova. Studio l'inglese dalle elementari ma quando ho dovuto scegliere una seconda lingua, mi sono tro-
5 vato in imbarazzo. I miei amici mi consigliavano il tedesco, mi dicevano «È più utile il tedesco, ti servirà perfino nel lavoro!» Devo confessare che ho sempre sognato di studiare il francese, per la cultura, per
10 la bellezza della lingua insomma per motivi più passionali che razionali. Ho scelto e sono felice della mia scelta : studio il francese con molto piacere, non mi annoio mai e ho imparato a conoscere una lingua che
15 apre molte prospettive ; mi permette anche di scambiare punti di vista e confrontarli con gente diversa, con delle persone che

esprimono argomenti interessanti. Mi piacciono la filosofia, la letteratura e la gastronomia francesi! Posso dire oggi che 20 è una lingua molto utile: mi ha aiutato a sviluppare le mie capacità intellettuali, ad affermare i miei gusti, accrescere la mia cultura e poi quest'estate, ho lavorato a Perugia con due studenti parigini. Chi ha 25 detto che il francese non è utile?»

❶ Tra quali lingue ha dovuto scegliere Mauro?
❷ Qual era la sua lingua prediletta? Perché?
❸ Quali argomenti gli sono stati opposti dagli amici?
❹ Perché è contento della propria scelta?

Storia delle lingue utili

In età antica i romani non potevano fare a meno del greco il cui studio era consigliato in età precoce.
Nel medioevo, il latino permetteva ogni tipo di carriera.
Durante il Rinascimento, l'italiano era la lingua di scambio in Europa.

Nel Settecento bisognava conoscere il francese per viaggiare.
Oggi non si può immaginare una scuola senza l'inglese.

● E nel futuro? Come cambierà il mondo?

2 Riconoscere e esprimerti

❶ Identifica ogni oggetto. A qualle professione potrebbe corrispondere?
❷ Scegli una professione e di' per quali motivi ti piacerebbe.

un progetto

3 Osservare e rispondere

Laureati, brillanti, pieni di idee, i giovani di oggi non hanno un posto fisso, ma fanno mille lavori.

❶ Chi presentano queste due foto?

❷ Quale sentimento esprimono?

❸ Di quanti pezzi si compone ogni foto?

❹ Ogni pezzo evoca un'attività: quali attività riconosci?

❺ Qual è il significato?

❻ Per quale motivo, secondo te, questi giovani vivono ancora dai genitori?

4 Tocca a te

 ESERCIZI P. 37

● E a te, che cosa sembra importante per la scelta professionale futura? Apri il tuo quaderno di esercizi e rispondi al sondaggio.

Proverbio

● Questo proverbio significa che non devi memorizzare le conoscenze? Che non ci sono conoscenze inutili? Spiega.

Impara l'arte e dimenticala.

Per andare avanti

Italia

1 Test di conoscenza

- Per ogni città, regione o zona citata qui sotto,
  da' una parola emblematica.

Assisi   Napoli   Sicilia   Maranello

Carrara   Parma   Siena   Torino

Chianti   Pisa   Vaticano   Venezia

2 Osservare e scegliere

Osserva la cartina accanto e rispondi alle domande (lavorate a coppie).

❶ Quali sono le regioni più industriali?
   Quelle più agricole?
   Quelle più artigianali?
❷ Esistono regioni italiane più turistiche? Perché?
❸ Scegli un campo, una professione e spiega
   dove potresti andare a lavorare.

3 Ascoltare e capire

ESERCIZI P. 37

- Apri il tuo quaderno di esercizi e rispondi alle domande.

Città	Roma	Milano	Torino	Genova	Palermo	Napoli
Regione	Lazio	Lombardia	Piemonte	Liguria	Sicilia	Campania
Numero di abitanti	2 815 000	1 371 000	961 000	675 000	697 000	1 054 000
Attività economiche principali	– commercio – servizi – pubblica amministrazione – turismo	– moda – pubblicità – editoria	– automobile – settori culturali	– attività portuali – industria siderurgica	– agricoltura – industria – turismo	– industria siderurgica – industria alimentare – turismo

economica

TURISMO
- sito turistico
- spiaggia
- sci
- sito antico
- immersione subacquea

INDUSTRIE
- automobile
- pneumatici
- industria alimentare
- informatica
- ottica
- attività portuali
- petrolio
- moda, abbigliamento
- stoffa
- acqua sorgiva

AGRICOLTURA
- agrumi
- vigne
- cereali
- allevamento

ARTIGIANATO
- corallo
- sughero

Grammaire et exercices

1 Les nombres cardinaux

0: zero	10: dieci	20: venti	30: trenta	40: quaranta	50: cinquanta	60: sessanta	70: settanta	80: ottanta	90: novanta
1: uno	11: undici	21: ventuno	...						
2: due	12: dodici	22: ventidue							
3: tre	13: tredici	23: ventitré							
4: quattro	14: quattordici	24: ventiquattro							
5: cinque	15: quindici	25: venticinque							
6: sei	16: sedici	...							
7: sette	17: diciassette								
8: otto	18: diciotto								
9: nove	19: diciannove								

100: cento
104: centoquattro
126: centoventisei
200: duecento
345: trecentoquarantacinque

1000: mille
10.000: diecimila
1.000.000: un milione
1.000.000.000: un miliardo

Particularités

● Devant uno et otto, on enlève la voyelle finale du chiffre des dizaines. → 21: ventuno, 31: trentuno… / 28: ventotto, 38: trentotto…

● Tous les nombres se terminant par tre sont accentués sur la dernière voyelle et portent un accent. Seul tre s'écrit sans accent. → 33: trentatré

● Mille est le seul nombre cardinal à avoir une forme plurielle : c'est mila. → 2.000: duemila.

● On écrit les nombres par tranches de 3 chiffres, en partant du chiffre des unités. → 4.128: quattromila centoventotto

● Milione et miliardo sont des noms communs et se comportent comme tels. → tre milioni

2 Les pronoms groupés

● Dans une phrase, on peut remplacer le complément d'objet direct **et** le complément indirect par un pronom. Dans ce cas, on parle de pronoms groupés.

    Tu <u>mi</u> dici <u>la verità</u>. → Tu **me la** dici.
      COI   COD

● Les deux pronoms se placent devant le verbe quand il est conjugué, l'ordre est toujours : COI + COD. → **Te la** porto subito.
Les deux pronoms sont séparés et le -i de mi, ti, si, ci, vi devient -e.
Gli et le deviennent glielo, gliela, glieli, gliele, gliene quand ils sont suivis de lo, la, li, le, ne.

    Stefania domanda <u>un consiglio</u> <u>a Ugo</u>. → Stefania **glielo** domanda.
                   COD   COI

Loro est toujours placé derrière le verbe et la phrase n'est pas modifiée.

    Chiede <u>un consiglio</u> <u>ai genitori</u>. → **Lo** chiede **loro**.
          COD   COI

3 Le conditionnel   Cf. mémento de conjugaison p. 176.

Il se construit comme le futur et les terminaisons du conditionnel sont : -rei, -resti, -rebbe, -remmo, -reste, -rebbero. À un futur contracté correspond un conditionnel contracté.

1 Lis les nombres suivants et continue sur le modèle.

0 • 2 • 4 • 6 • .... 50.

2 Lis les nombres suivants et continue sur le modèle.

1 • 3 • 5 • 7...............59.

3 Lis les nombres suivants et écris-les ensuite dans ton cahier.

12 • 18 • 46 • 19 • 21 • 36 • 17 • 8 • 74 • 92 • 6 • 124 • 38 • 51 • 4 • 225 • 472 • 618 • 3 • 828 • 977 • 11 • 1.515 • 2.103 • 14.326 • 2

4 Remplace les mots soulignés par les pronoms qui correspondent.

1 Ugo non porta Stefania al cinema.
2 Stefania chiede il permesso di uscire ai genitori.
3 Compriamo un nuovo clacson a Ugo.
4 Sconsigliano a Ugo di fare l'insegnante.
5 Vogliono un bicchiere di latte.
6 Parlano dei loro problemi alla professoressa Montebello.
7 La ragazza prende la busta paga ogni sabato.
8 Offrono un paio di sandali a Gianni.

5 Même exercice.

1 Ti devo chiedere una cosa, Ugo.
2 Ugo legge la storia a Gemma.
3 I Caravacci lasciano il computer a Ugo.
4 Mi vuoi prestare i tuoi libri, per cortesia?
5 Chi vi racconta queste stupide storie?
6 Ripetono la storia ai loro amici.
7 Non ti racconto le avventure di Pinocchio.
8 Lasciano i bambini ai genitori di Sandro.

6 Transforme les verbes au conditionnel.

1 Ugo sorveglierà i piccoli Caravacci.
2 Loro non piangeranno.
3 Stefania, tu non risponderai male a Gianni.
4 Barbara avrà un bello stipendio.
5 Sarete contenti dei vostri regali.
6 Lavoreremo tutti insieme al supermercato.
7 Dovranno telefonare subito al liceo.
8 Farò prima i compiti, poi uscirò.

7 Donne la personne qui précède, puis celle qui suit.

1 avreste   5 potreste
2 vorrebbe   6 tossireste
3 giochereste   7 farebbe
4 andremmo   8 rideresti

8 Traduis en français.

1 Gliela racconterei volentieri ma non ascolta niente.
2 Te l'avrei dato, ma non eri a scuola.
3 I genitori di Gemma non si fideranno più di te.
4 Guadagneranno trecentottantacinque euro alla settimana.
5 Vorrebbero domandare a Bruno i suoi progetti.

9 Traduis en italien.

1 Il trouverait certainement Luigino au lit.
2 Stefania voudrait aussi être baby-sitter.
3 Nous déconseillerions aux impatients aussi bien l'enseignement que la médecine.
4 Il faut être courageux pour être chasseur alpin.
5 Dans la vie, il faut savoir être patient.

Lezione 1

Mancato appuntamento

ESERCIZI
P. 41

Guardare e ascoltare ▶▶

Ugo: Ciao, Arianna. Sono io… Ugo… Ho appena letto il tuo sms…
(Imbarazzato:) Scusami per il mancato appuntamento… Non sono potuto venire
perché ho dovuto aiutare mio padre in garage, il mio telefonino era scarico
e il telefono di casa non funziona. Avevo pensato di mandarti una e-mail
ma non sono riuscito a collegarmi a Internet con il computer… Mi dispiace
davvero. Stasera, non aspettarmi. Non potrò uscire perché i miei vanno a cena
fuori e devo fare io da baby-sitter a mia sorella. Beh, … Ci vediamo…
Ti richiamo io appena posso.

1 Capire e rispondere ▶▶

❶ Decifra l'SMS.
❷ Chi ha scritto questo messaggio? A chi?
❸ Sembra contenta? Perché?
❹ Dove e quando dà appuntamento a Ugo?
❺ Perché Ugo non è potuto andare all'appuntamento?
❻ Perché non ha avvertito la sua amica?
❼ Ti sembrano valide le sue scuse?
❽ Secondo te, Ugo avrà voglia di incontrarsi con Arianna? Spiega.

2 Ascoltare leggendo, capire e rispondere

I ragazzi traditi da un messaggino

In un distretto del Lazio, le assenze da scuola saranno segnalate ai genitori con un SMS

A uno come Franti queste cose non capitavano. A partire da sabato prossimo, primo ottobre, i genitori degli studenti che non si presenteranno regolarmente a lezione verranno raggiunti[1] da un sms inviato loro dalla scuola, che li avvertirà dell'assenza
5 ingiustificata della prole[2]. [...]

Al momento non sappiamo ancora se i «messaggini» spediti dalle segreterie delle scuole in modo automatico useranno lo stesso linguaggio modello codice fiscale da tempo adottato dai giovani: «cmq vlvm drv ke vs fgl nn è vnt a scl ;-)», ovvero[3] «comunque
10 volevamo dirvi che vostro figlio non è venuto a scuola», con aggiunta di strizzatina d'occhio e sorriso complice. Ma è facile immaginare che i rei di assenza ingiustificata non la prenderanno benissimo. [...] [Gli sms,] figli delle nuove tecnologie, hanno aiutato i ragazzi a comunicare tra loro per mezzo di codici estranei
15 al mondo degli adulti, che alle nuove generazioni hanno spesso rimproverato[4] (in veste di genitori o di insegnanti) l'inevitabile scempio[5] della lingua italiana, massacrata a colpi di acronimi e abbreviazioni. Del resto i caratteri a disposizione per ogni sms sono com'è noto appena 160, e si fa molto prima a scrivere
20 «msidt» che «mi sono innamorato di te». [...] Finora, grazie agli sms, si erano sentiti più liberi. Dal primo ottobre in poi, si sentiranno più braccati[6].

Giuseppe CULICCHIA, *La Stampa*, 28 Settembre 2005.

1 verranno raggiunti: *seront contactés*
2 la prole: *la progéniture, les enfants*
3 ovvero: *c'est-à-dire, soit*
4 rimproverare: *reprocher*
5 lo scempio: *le massacre*
6 braccato: *traqué, pisté*

❶ Di che cosa parla quest'articolo?
❷ Qual è il suo scopo?
❸ Perché «finora, grazie agli sms, si erano sentiti più liberi»?
❹ «Dal primo ottobre in poi, si sentiranno più braccati»: spiega.
❺ Quali sono le conseguenze degli sms sulla lingua italiana secondo l'articolo?

3 Capire e commentare

❶ Dove si trova il signore? Che cosa tiene in mano? Perché è comico?
❷ Commenta la battuta umoristica. Di che cosa intende beffarsi il disegnatore? Qual è la frase che si potrebbe aspettare?

4 Tocca a te

❶ Anche tu scrivi sms?   ❷ Quanti ne scrivi al giorno? A chi?   ❸ Per quale motivo?

È RECORD:
OGNI TELEFONINO
POSSIEDE UN ITALIANO.

L'Espresso, 2 settembre 2004.

Per connettere ❯❯ appena

• Ti richiamo io **appena** posso.

Le passé proche ❯❯ p. 104

• **Ho appena letto** il tuo sms.

La proposition infinitive ❯❯ p. 104

pensare + **di** + infinitif
• Avevo **pensato di mandarti** una e-mail.

Ricordare

ESERCIZI
P. 41

Abbiate cura dei vostri animali!

Antonella l'ha avuta vinta e i suoi genitori hanno accettato di comprarle un gattino. Sono andati tutti e tre a scegliere la bestiolina in un canile. Mentre il padre sta firmando gli ultimi documenti, Antonella sta leggendo un volantino che le è stato dato. Un'impiegata consegna alla madre un micino bianco e nero.

Decalogo degli animali

1 Ricordatevi che un animale non è né un oggetto né un giocattolo ma un essere vivente.

2 Abbiate cura dell'animale che adottate oggi.

3 Dategli da mangiare a ore regolari e unicamente nella sua ciotola.

4 Non abituatelo a partecipare ai pranzi famigliari.

5 Educatelo subito con fermezza ma senza brutalità.

6 Non picchiatelo, pena vederlo diventare aggressivo.

7 Premiatelo con carezze e paroline quando si è dimostrato ubbidiente.

8 Sappiate rispettare il suo desiderio di tranquillità e il suo bisogno di indipendenza.

9 Accettate gli obblighi legati al possesso di un animale domestico.

10 Non abbandonatelo mai nella natura o su un'area di autostrada.

Se rispetterete queste regole, il vostro animale sarà felice e ricambierà largamente l'affetto che gli darete.

1 Capire e rispondere

❶ Dove sono andati Antonella e i genitori?

❷ Quale animale voleva da molto tempo la ragazza?

❸ Perché la lettura del decalogo è necessaria prima dell'adozione dell'animale?

❹ Quali sono i consigli che riguardano tutti gli animali?

❺ Quali sono quelli che riguardano più particolarmente i gatti? I cani?

❻ Perché bisogna dimostrarsi fermi con un animale?

❼ Secondo te, perché c'è il decimo consiglio nel decalogo?

❽ Hai un animale? Quale?

❾ Dove lo hai preso?

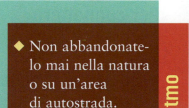

◆ Non abbandonatelo mai nella natura o su un'area di autostrada.

Pronuncia e ritmo

2 Ripetere, osservare e rispondere

A1

a. Ripeti il nome dei diversi animali, poi apri il tuo quaderno di esercizi e scrivi il nome dell'animale che corrisponde alla lettera che ti dirà il tuo professore.

b. Quali sono, secondo te, i cinque animali che si trovano più comunemente nelle famiglie?

c. Quali sono quelli che si possono accontentare di un appartamento?

d. Quali invece hanno bisogno di spazio e sono felici in una casa con giardino?

e. Nell'elenco dato accanto, ci sono animali che ti sembrano poco adatti alla vita in famiglia? Quali?

ESERCIZI
P. 41

- l'asino
- il boa
- il cane
- il cavallo
- il coccodrillo
- il coniglio
- il criceto
- il gatto
- il pesciolino rosso
- il ragno
- la scimmia
- lo scoiattolo
- la tartaruga
- il topo
- l'uccello

Per aiutarti

3 Leggi e associa

A1

Ecco il nome di otto animaletti:

l'asinello

il cagnolino

il cavallino

il pulcino

il gattino

l'uccellino

il lupacchiotto

il coniglietto

a. Cerca di ritrovare per ogni animaletto il nome dell'animale adulto.
b. Spiega come sono formati i nomi dei piccoli.
c. Uno non è formato in modo identico. Sapresti ritrovarlo?

Il piccolo della cagna si può chiamare cucciolo.

4 Tocca a te

A2

a. Il decalogo è stato consegnato a Antonella scritto alla seconda persona del plurale. Volgilo alla seconda persona del singolare.
b. Quale animale sogneresti di avere? Spiega perché.

L'impératif ▶ p. 104

- Educate**lo** subito.
- Non picchiate**lo**.

Les suffixes diminutifs ▶ p. 104

- il gatt**ino**
- il conigli**etto**
- l'asin**ello**

Ricordare

Sotto Natale

Ascoltare e leggere

La scena si svolge in una videoteca.
«Vorrei un pacchetto regalo.
– Un attimo e sono da lei, Signora.
– Ma io ho la macchina in divieto di sosta.
5 – Mi dispiace, ma prima di lei ci sono altri clienti. Se ha un momento di pazienza incar-
terò anche le sue cassette.
– PAZIENZA! È DA QUESTA MATTINA CHE SONO IN GIRO PER I REGALI
DI NATALE, ALTRO CHE PAZIENZA. SONO GIÀ ALLA TERZA MULTA,
PARCHEGGIARE IN QUESTI GIORNI È IMPOSSIBILE E DOVREI ANCORA
10 AVERE PAZIENZA!»
Se già durante il resto dell'anno era difficile convivere con il genere umano, sotto Natale
diventava impossibile. Una volta ottenuto il pacchetto, il fortunato di turno me lo strappa-
va di mano, facendosi largo di corsa tra la folla di invasati. I commenti erano unanimi.
«E STIA ATTENTO! […]
15 – CHE FA, SPINGE? GUARDI CHE LA SPINGO IO, SA?
– E GUARDA DOVE METTI I PIEDI, IMBECILLE!»
Il prezzo sulla confezione era l'ossessione dominante.
«Me l'ha tolto il prezzo?
– Certo, signora.
20 – È sicuro? Non vorrei che l'avesse lasciato.
– L'ho tolto, signora, l'ho tolto.
– Scusi sa, mi sono distratta mentre faceva il pacchetto», pronunciando queste parole
riapriva la carta, «e vorrei proprio esserne certa.»
Naturalmente il prezzo non c'era più.
25 «Ah, è vero, l'aveva tolto. Bene. Mi rifaccia pure il pacco.»
Gli altri clienti in attesa trasudavano odio, frutto di giorni e giorni dedicati all'affannosa
ricerca di regali […].

Giuseppe CULICCHIA, *Paso Doble,* Garzanti, 1995.

1 Capire e rispondere

❶ Qual è la professione del narratore?
❷ Quante voci intervengono?
❸ Chi sono i personaggi?
❹ Reperisci le tre piccole scene contenute
nel testo.

❺ Chi sono i protagonisti di ogni scena?
❻ Quale tono viene usato da ogni
personaggio?
❼ Quali sentimenti vengono espressi?

2 Leggere, reperire e mettere in scena

ESERCIZI
P. 42

❶ Leggi il testo della pagina 98.
Perché certe frasi sono scritte con le maiuscole?

❷ Apri il tuo quaderno di esercizi. Scegli una tra le scene trascritte e scrivi le didascalie necessarie al lavoro degli attori.

❸ Con i tuoi compagni, preparate la recita della seconda scena:
a. Ogni personaggio deve imparare le proprie battute a memoria.
b. Preparate gli accessori
(un pacchetto, della carta da regalo, un banco, ecc.)
c. Adesso recitate.

Per aiutarti

- andare su tutte le furie
- mormorare
- perdere la pazienza
- rimanere calmi
- scusarsi
- urlare

3 Imparare il galateo

Il treno è il mezzo di trasporto libero e *di tutti*. Mentre viaggiate potete conversare, leggere, pranzare, ascoltare musica, dormire, fare conoscenze, lavorare, sgranchirvi le gambe o studiare.

E anche telefonare, usando il telefono cellulare nei corridoi e nelle piattaforme. Se poi volete chiamare dal vostro posto, fatelo con discrezione, a bassa voce, senza disturbare i vicini*.
Perché il treno è il mezzo di trasporto libero e *per tutti*.

* Art. 11-bis delle Condizioni e Tariffe: "L'uso dei telefonini cellulari a bordo dei treni è consentito nei corridoi o sulle piattaforme delle vetture; l'uso nei compartimenti e nelle vetture/salone è consentito a condizione che non arrechi disturbo agli altri viaggiatori".

Ferrovie dello Stato

ESERCIZI
P. 43

❶ Hai il cellulare? Lo usi molto? Quando ti serve?

❷ **a.** Che cosa pensi del modo in cui si comporta la gente che ce l'ha?
b. Hai notato un'evoluzione del modo in cui si comporta la gente che acquista un cellulare?

❸ A parer tuo, dove si può trovare questo volantino? Chi lo propone? Con quale scopo?

❹ Secondo te, può essere efficace?

Ricordare

L'impératif de la forme de politesse » p. 104

- E **stia** attento!
- Mi **rifaccia** pure il pacco.

Per andare avanti

Amici

1 Osservare, trascrivere e commentare ESERCIZI P. 43

Gli animali in casa

Animali posseduti
confronto 1990 e 2000 (dati in percentuale)

1990
2000

49,3
41,7

47,3
29,7

-
4,8

-
0,2

25
30,6

6,3
14,5

2,7
0,6

-
0,1

6,5
30,4

1,3
10,6

-
0,4

7,8
-

① Che cosa propone questo documento?
② Quali sono gli animali preferiti dalle famiglie italiane?
③ Che cosa osservi a questo proposito tra l'inchiesta del 2000 e quella del 1990?
④ Quali animali hanno migliorato la percentuale?
⑤ Quali invece sono meno apprezzati?
⑥ Puoi spiegare queste cifre?
⑦ Osserva attentamente i risultati dell'inchiesta, poi trascrivili sul tuo quaderno continuando i diagrammi cominciati.
⑧ Lavora con un compagno: uno elenca cinque argomenti in favore della presenza di un animale a casa, l'altro invece trova cinque argomenti contro. Mettete in comune i vostri argomenti e cercate di costruire un dialogo sul tema dei vantaggi e degli inconvenienti della presenza di un animale domestico.

2 Leggere, capire e tradurre

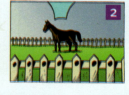

1 La volpe cambia il pelo ma non il vizio.

2 Campa cavallo che l'erba cresce.

3 In bocca al lupo.... Crepi il lupo!

4 Aver la pelle d'oca.

5 Fa un freddo cane.

● Leggi i modi di dire illustrati sopra e cerca la traduzione francese più adatta.

con i peli

3 Osservare, descrivere e rispondere ›››

la zampa
la paletta

❶ Dove si può trovare un cartello
di questo tipo?
❷ Come è composto questo cartello?
❸ Quali sono i personaggi
messi in scena?
❹ Che cosa tiene nella zampa
il cane?
❺ Perché non sembra contento?
❻ Se le deiezioni non verranno
raccolte, che cosa succederà?
❼ Secondo te, di quale tipo
di sanzioni si tratterà?
❽ Perché il cartello fa sorridere?

4 Osservare e dire ›››

❶ Osserva i quattro
cartelli.
❷ Esprimi il divieto
rappresentato
da ogni cartello.
❸ Perché sono
stati posti qui
i quattro cartelli?
❹ Quale punto comune
hanno il cartello
dell'attività 3
e i cartelli accanto?
Di che cosa
dobbiamo sempre
fare prova?

Il lupo, la volpe e i pesci

PARTE PRIMA

Un giorno la volpe era molto affamata. Girava per la campagna in cerca di cibo[1], ma non le riuscì di[2] trovare nulla. A un tratto[3] vide[4] che nella strada c'era un pescivendolo che portava due ceste piene di pesci sull'asino. Questo pescivendolo stava andando dalla marina[5] ai paesi di collina per vendere i suoi pesci e guadagnarsi qualche soldo. Che fa la furba[6] volpe? Corre avanti per due-trecento metri e si sdraia come se fosse morta in mezzo alla strada. Quando vi arriva il pescivendolo che tira l'asino dalla cavezza, esclama:

«Toh, guarda che bella volpe! Stasera me ne faccio una buona mangiata della sua carne, e inoltre ne ricavo[7] una bella pelliccia per mia moglie che ne ha proprio bisogno per l'inverno.»

Prende la volpe e la mette in mezzo al basto, fra le due ceste piene di pesce. La volpe non desidera altro di meglio! Ad ogni passo allunga il muso, prende un pesce e lo butta a terra. Quando capisce di aver dimezzato le due ceste, salta giù e raccoglie lungo la strada tutti i pesci che vi ha buttato. Li raccoglie e se li porta a casa. Si sfama e i pesci che avanzano[8] li appende sul focolare[9], per affumicarli[10] e mangiarseli poi nell'inverno.

Era proprio un piacere vedere tanti pesci appesi sul focolare.

La volpe ne era orgogliosa.

---

1 il cibo: *la nourriture*	6 furbo: *rusé, malin*
2 non le riuscì di:	7 ricavare: *obtenir,*
elle n'arriva	*tirer de*
(ne parvint) pas à	8 avanzare: *rester*
3 ad un tratto:	9 il focolare:
tout à coup	*la cheminée*
4 vide: *elle vit*	10 affumicare: *fumer*
5 la marina: *la plage*	

1 Osservare, leggere e memorizzare il vocabolario

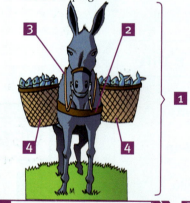

1 l'asino
2 il basto
3 la cavezza
4 le ceste (o i cesti)

2 Capire le parole

Rispondi alle domande:

❶ Che cosa vende il pescivendolo?
❷ Quale parola contiene «pelliccia»?
❸ La parola «dimezzato» contiene la radice mezzo (=metà) ; che cosa significa dimezzare?
❹ La «s» di sfamarsi è detta «privativa», cioè all'inizio di una parola può aggiungere il senso di «togliere»; dunque, che cosa vuole togliersi la volpe?
❺ A che cosa serviva una volta il focolare?

3 Capire il testo

ESERCIZI P. 43

Rispondi alle domande:

❶ Perché trasporta tanti pesci il pescivendolo?
❷ Perché la volpe fa finta di essere morta?
❸ Che cosa potrà fare il pescivendolo con una volpe?
❹ Come procede la volpe per rubare i pesci?
❺ Quale qualità (o difetto) simboleggia la volpe?

degli animali

PARTE SECONDA

Ma una mattina va compare lupo per prendere fuoco, dato che ha dimenticato di comprare i fiammiferi. Appena vede quell'abbondanza di pesci appesi, la gola comincia a fargli saliva dalla voglia di mangiarne. A comare volpe domanda:

«Dove, come, quando, comare mia, avete pescato tutti questi pesci? Non me ne date un poco anche a me?»

E la volpe, pronta:

«Perché non ci andate anche voi a pescare, compare mio? Io ci ho faticato tutta la giornata per pescare tutti quei pesci nel mare.»

«E come avete fatto?»

La volpe sorride con compatimento.

«Ma è facilissimo, compare mio», disse. «Io mi sono legata una cesta al collo, nella cesta ho messo una pietra in modo di poter scendere a fondo. Quando sono arrivata giù, nel fondo del mare, ho tolto la pietra e vi ho messo tutti i pesci che vedete... E quanti ne ho mangiati, laggiù! Uhm!... Nel mare, compare mio, ci sono pesci di tutte le taglie e non vi si corre il rischio di essere presi a fucilate come nei pollai... Io da ora in avanti, compare mio, andrò sempre al mare a sfamarmi.»

Il lupo, senza pronunciare alcun commento, pensò[1] di fare come gli aveva raccontato comare volpe. Tutt'allegro e svelto uscì[2] per trovare una grande cesta, nella quale c'infilò[3] una grossa pietra in modo di andare a fondo il più possibile...

Per andare a fondo ci andò, ma ci rimase[4] come quello stupido che era.

Saverio STRATI, *Miti, racconti e leggende di Calabria*, Gangemi Editore 1985.

---

1 pensò: *il pensa, il imagina*
2 uscì: *il sortit*
3 infilò: *il enfila*
4 ci rimase: *il y resta (= « il y est encore »)*

4 Capire il testo e la fiaba »

 Chi viene a fare visita alla volpe? Per quale motivo?

❷ Che cosa chiede il lupo alla volpe?

❸ Come spiega la presenza dei pesci in casa sua la volpe?

❹ Ci crede il lupo? Perché?

❺ Come appaiono i due personaggi? Quali parole o espressioni del testo lo dimostrano?

❻ Conosci il titolo di un antico libro francese che usa gli stessi personaggi nello stesso modo?

❼ Come bisognava comportarsi nelle società di una volta per sopravvivere? È ancora vero oggigiorno?

Grammaire et exercices

1 Le passé proche

Pour exprimer le passé proche en français, on utilise l'expression « venir de ».
En italien, on emploi le passé composé en intercalant appena entre l'auxiliaire et le participe passé.

→ Ho appena letto il tuo sms.

2 La proposition infinitive : pensare + di + infinitif

Lorsque le sujet de la proposition principale est le même que celui de la proposition complétive qui en dépend, on utilise di + infinitif.

→ Spero di potere chiamarti stasera. / Spero di poterti chiamare stasera.

Cette structure s'utilise avec de nombreux autres verbes → pensare, credere, sperare, temere...

→ Avevo pensato di mandarti una e-mail.

3 La place des pronoms COD et COI à l'impératif

Les pronoms compléments se soudent à l'impératif :

Ce livre ? Prends-le ! → Prendilo!
Les règles ? Respectez-les ! → Rispettatele!
À Stefania ? Réponds-lui tout de suite ! → Rispondile subito!
À Gianni ? Téléphonons-lui vite ! → Telefoniamogli presto!

4 L'impératif de la forme de politesse

Pour donner un ordre ou un conseil à quelqu'un que l'on vouvoie on utilise la 3e personne du présent du subjonctif (identique aux 1e et 2e personnes).

● **Verbes réguliers :**
On les forme à partir du radical de l'infinitif auquel on ajoute :
-i pour les verbes en -are, -a pour les verbes en -ere et en -ire.

entrare: entri → Entri, Signore!
scrivere: scriva → Scriva, Signorina!
servire: serva → Serva pure, Signora!
reagire: reagisca → Reagisca, Signore!

● **Verbes irréguliers :**
Ils se forment sur la 1e personne du présent de l'indicatif, en remplaçant la terminaison -o par -a :

venire (vengo): venga → Venga, Signora!
andare (vado): vada → Vada alla cassa, per favore!
fare (faccio): faccia → Rifaccia pure il pacco!

Certains verbes ont une forme particulière : Cf. mémento de conjugaison p. 178-179.

● **Place des pronoms :**
Les pronoms (réfléchis, COD ou COI) sont placés devant le verbe.

→ Si riposi!
→ – Mi dia lo scontrino per favore! – Lo prenda.

❶ Réponds à la question en utilisant le passé proche selon l'exemple.

Quanto tempo fa hai ricevuto questo sms?

→ *Ho appena ricevuto questo sms.*

1 Quanto tempo fa hai scritto a Ugo?

2 Quanto tempo fa sei arrivata?

3 Quanto tempo fa ti sei deciso?

4 Quanto tempo fa avete mandato una e-mail?

5 Quanto tempo fa siete partiti?

6 Quanto tempo fa vi siete alzati?

❷ Transforme les phrases suivantes selon l'exemple.

Non posso uscire, penso.

→ *Penso di non potere uscire.*

1 Non puoi fermarti qui, pensi.

2 Vanno a cena fuori, pensano.

3 Vuole aspettare, dice.

4 Possiamo venire all'appuntamento, speriamo.

5 Rimanete in casa, temete.

6 Posso uscire, aspetto.

❸ Transforme la phrase à l'impératif et remplace le complément en italiques par le pronom correspondant selon l'exemple.

Posso comprare un gattino? → *Sì, compralo.*

1 Posso leggere i volantini?

2 Posso firmare queste carte?

3 Posso richiamare la mia amica?

4 Possiamo prendere un appuntamento?

5 Possiamo offrire da bere a Ugo?

6 Possiamo dire di no ad Arianna?

❹ Transforme les impératifs suivants (tutoiement) en impératifs de la forme de politesse correspondante (vouvoiement).

Parcheggia qui! → *Parcheggi qui!*

1 Parla piano!

2 Non urlare!

3 Fermati!

4 Chiudi la porta!

5 Servi questo cliente!

6 Paga alla cassa!

7 Non arrabbiarti!

8 Non lasciarti impressionare!

❺ Forme l'impératif de la forme de politesse des verbes suivants et imagine une phrase.

aspettare → *Aspetti un attimo, Signora!*

1 scusare

2 gridare

3 spingere

4 accomodarsi

5 aprire

6 fare

7 dire

8 dare

9 essere

❻ Traduire en italien.

1 Elle vient de sortir.

2 Nous venons de rentrer.

3 Ces cadeaux, offre-les !

4 Dépêchez-vous, Monsieur !

5 Cet article t'intéresse ? Lis-le donc !

6 Prenez ce paquet, s'il vous plaît.

7 Allez m'attendre à la caisse.

8 Je crois avoir oublié ma clef.

❼ Traduire en français

1 Credo di aver tolto il prezzo.

2 Teme di essersi distratta.

3 Mi dispiace, ma lei deve aspettare il suo turno, Signore.

4 Non mi dica che il pacco è fatto male!

5 Stia attento al suo cane!

6 Ci siamo appena fermati perché siamo stanchissimi.

7 Ha appena incartato i CD.

8 Vieni con me a fare un giro in centro? Ti prego, non dirmi di no!

Non ci credo!

Stefania: Non ci credo, finalmente siamo potuti partire e fra poco saremo di nuovo con la nostra Antò!

Marina: Hai ragione Stefi; neanch'io vedevo l'ora della partenza. Avevo paura di un guaio all'ultimo minuto che ci impedisse di partire.

Bruno: Tu, Marina, vedi sempre il peggio. Guarda piuttosto il paesaggio stupendo al di sopra del quale voliamo.

Gianni: Macché paesaggio! Si vede il mare e basta. Bruno, hai un'immaginazione, tu!

Stefania: Smettete un po' tutti e due! Sono già le undici e trenta, a che ora arriviamo precisamente? Credete che Antonella ci avrà combinato un bel programma? Marina, tu che sai un sacco di cose, dicci cosa c'è di bello a Palermo.

Marina: Pa…

Gianni: Ah no! Non cominciare a fare il cicerone, Marina! Tutto quanto occorre vedere, Antonella e i suoi cugini ce lo faranno visitare. Basta che ci portino a fare il bagno al mare.

Bruno: Il bagno, in aprile! Ma Gianni, stai spropositando; è troppo presto. Però, girare per le vie della città non mi dispiacerebbe….

Marina: Antonella, a cui ho parlato ancora ieri sera, ci ha già pensato e tutti rimarremo contenti. Ragazzi, arriviamo.

Tutti: Evviva!

1 Capire e rispondere

❶ Dove vanno i nostri amici? Chi devono ritrovare?

❷ Perché Bruno rimprovera a Marina di vedere sempre il peggio?

❸ A che cosa vediamo che Bruno è proprio contento di andare a Palermo?

❹ Che cosa vuole sapere da Marina Stefania?

❺ Gianni è d'accordo con la domanda della sorellina? Perché?

❻ A lui, che cosa piacerebbe fare? E a Bruno?

❼ Come li mette tutti d'accordo Marina?

❽ Hai già preso l'aereo? Per andare dove?

❾ Ti è piaciuto? Perché

◆ Il bagno, in aprile! Ma Gianni, stai spropositando; è troppo presto.

Pronuncia e *ritmo*

2 Reperire e rispondere

Viaggiare con l'aereo

ORARIO DEI VOLI	
ROMA FIUMICINO	**PALERMO PUNTA RAISI**
10:55	12:05
12:15	13:25
13:20	14:30
17:20	18:30
18:10	19:20
MILANO LINATE	**PALERMO PUNTA RAISI**
07:00	08:40
09:35	11:20
21:35	23:15
ROMA FIUMICINO	**CATANIA FONTANAROSSA**
08:55	10:10
09:45	11:00
13:05	14:20
19:55	21:10

❶ Come si chiamano gli aeroporti di Roma, Milano, Palermo e Catania?

❷ Quanto dura il volo Roma-Palermo? Roma-Catania? Milano-Palermo? Qual è il volo più breve? Quello più lungo? Perché?

❸ A che ora parte l'aereo che arriva a Palermo alle 13.25?

❹ A che ora arriva l'aereo che parte da Milano alle 9.35? Dove arriva?

❺ Dove arriva l'aereo che parte da Roma alle 13.05?

❻ Da dove parte l'aereo che arriva a Palermo alle 23.15?

❼ Quale volo avranno scelto gli amici secondo te? Giustifica la tua risposta.

3 Tocca a te

Marina telefona ad Antonella per informarla dell'ora del loro arrivo.

● Immagina questa telefonata.

ESERCIZI
P. 47

L'heure ▶ p. 118

● Sono già
le undici e trenta.

Les pronoms relatifs ▶ p. 118

● Il paesaggio stupendo al di sopra **del quale** voliamo.
● Marina, tu **che** sai un sacco di cose...
● Antonella, **a cui** ho parlato, ci ha già pensato.

Ricordare

Ma quando arrivano?

Antonella: Mamma, mentre stai bevendo il caffé, vado più avanti per essere la prima a vederli.

La madre: Sì, fatti pure avanti, forse farai arrivare l'aereo in anticipo…

Antonella: Non ne posso più! Chissà come saranno cambiati tutti. Una lunga settimana insieme, pare un sogno, davvero! Però, la dobbiamo occupare il meglio possibile. Dunque… Già, stasera facciamo una gita nel centro di Palermo coi cugini e ci mangiamo poi qualcosa nella cucina dello zio quando torniamo. Così, si faranno un'idea della città.

Poi, domani… Ah! visiteremo il Palazzo dei Normanni e San Giovanni degli Eremiti e dopo

un giro in Piazza Pretoria. Il pomeriggio, una passeggiata nelle vie antiche e un'occhiata ai negozi. Ovviamente, Gianni brontolerà ma con una granita alla mandorla… Bruno sarà contento perché gli piace l'atmosfera dei centro città.

Certo che i cugini che vanno pazzi per le gite nella natura li vorranno portare al Parco delle Madonie. Beh, perché no?

Ma quando arrivano?

Poi non bisognerà dimenticare né Monreale né Marsala. Oddio, e l'Etna?

E certo quello spiritoso di Gianni vorrà spingere fino a Corleone, ma non ce la faremo mai.

Ma perché tutti mi guardano così; possibile che io stia parlando a voce alta?

La madre: Antò, l'aereo è atterrato, guarda, eccoli, stanno arrivando.

Tutti: Antò, Antò!

1 Capire e rispondere

❶ Chi è venuto ad aspettare gli amici?

❷ Che cosa fa la mamma? E Antonella?

❸ Quali sono i progetti di Antonella per la sera?

❹ Quali monumenti di Palermo vuole fare vedere agli amici?

❺ Quali altre città siciliane dovrebbero visitare?

❻ Quale altro posto dovrebbero pure vedere?

❼ Quando vai in una città che non conosci, che cosa ti piace visitare?

❽ Ti piacerebbe andare in Sicilia? Che cosa vorresti vedere?

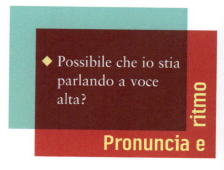

◆ Possibile che io stia parlando a voce alta?

Pronuncia e ritmo

ESERCIZI
P. 47

via della Libertà

via Malaspina

via Francesco Crispi

Porto

via Cala

golfo
di Palermo

piazza
Maqueda

Palazzo
dei Normanni

Vucciria

viale della Regione Siciliana

Cattedrale

via Maqueda

corso Vitt. Emanuele

foro Umberto

via Lincoln

piazza del
Parlamento

corso Vitt. Emanuele

corso Calatafimi

corso Tukòry

San Giovanni
degli eremiti

via Oreto

Piazza
Garibaldi

1 km

fiume Oreto

❶ Situa i luoghi che Antonella vuole fare visitare ai suoi amici.

❷ Lo zio abita in piazza Garibaldi, ritrova l'itinerario che seguiranno per visitare
il Palazzo dei Normanni, la Cattedrale e San Giovanni degli Eremiti.

❸ Lo zio vuole fare la spesa (frutta, verdura e pesce): indica come deve fare
per andare al mercato.

3 Tocca a te

❶ In Internet, ricerca i siti di Monreale,
del Parco delle Madonie, di Corleone
e spiega ai tuoi compagni perché
Antonella ha scelto di visitarli.

❷ Torna a pagina 74, rileggi
la presentazione della Sicilia
e progetta un itinerario.

Lo sapevi?

Il nome del mercato cosiddetto «della Vucciria»
viene dal francese *boucherie,* perché una volta
vi si vendeva soltanto la carne. Il carcere
dell'Ucciardone ha preso il nome dal campo di
cardi dove fu costruito e che i francesi chiama-
vano *le chardon.*

La forme progressive   Cf. Le gérondif p. 132

• **Stanno** arriv**ando.**

• Mentre **stai** bev**endo** il caffè, vado più avanti.

Ricordare

Che peccato!

ESERCIZI P. 48

Gianni: Com'è passata presto la settimana! Domani bisogna tornare a Siena e ritrovare il liceo. Che peccato!

Bruno: Eh, già! Ma dobbiamo essere contenti delle vacanze trascorse in Sicilia. Sono state stupende. Abbiamo fatto un sacco di cose interessanti e abbiamo visto splendori.

Marina: Certo! Però ci rimangono tante bellezze da scoprire. Non avrei mai immaginato che la Sicilia fosse così meravigliosa. Come mi sono piaciute le Catacombe!

Stefania: Io mi sono presa una bella paura lì dentro! E poi quell'asino di Gianni che si era nascosto e bisbigliava orrori. Solo a pensarci mi fa ancora venire la pelle d'oca…

Gianni *(ridendo)*: Eh, fifona! Per una volta non ficcavi il tuo nasino dappertutto.

Antonella: Ma come farò io adesso senza sentirvi bisticciare? Bisogna assolutamente che torniate a luglio e per almeno quindici giorni. Così, potremo andare un po' più lontano e addirittura salire sull'Etna, se combiniamo le cose per benino. Bisognerebbe che venisse anche Ugo, questa volta.

Marina: Sicuro che questa è un'ottima idea; ma chissà cosa ne penseranno i nostri genitori. Su ragazzi! Facciamoci coraggio e torniamo a casa a preparare le nostre valigie.

Gianni: Che barba!

Bruno: Consolati Gianni; pensa che la tua cara Montebello ha finito la maternità e torna al liceo pure lei.

Gianni: Come sei buffo!

1 Capire e rispondere

A1

1. Dove sono i nostri amici?
2. Perché non sembrano molto allegri?
3. Che cosa è particolarmente piaciuto a Marina?
4. Perché Stefania non condivide completamente l'entusiasmo di Marina?
5. Che cosa ha voluto fare Gianni?
6. Che cosa mancherà particolarmente a Antonella?
7. Quale idea le viene in mente?
8. Secondo te, saranno d'accordo i genitori dei nostri amici?
9. Sei già partito(-a) in vacanza solo(-a) con tuo fratello, tua sorella o degli amici?

◆ Eh, fifona! Per una volta non ficcavi il tuo nasino dappertutto.

Pronuncia e ritmo

Sempre insieme!

Non scambiano più una parola.

❶ La classe si divide
in due squadre: la prima
impara il primo elenco
di parole mentre
la seconda impara
il secondo elenco.

❷ Nascondete le parole.
Mentre una squadra
inventa le battute
e esprime i sentimenti
dei personaggi
di una foto, l'altra
segna un punto
per ogni parola
dell'elenco usata.

- affabile
- apprezzare
- la benevolenza
- canzonare
- la cordialità
- divertirsi
- l'ottimo rapporto
- provare affetto per
- punzecchiare
- sincero
- socievole
- sorridere
- stimare
- volere bene a

- l'animosità
- antipatico
- avere in antipatia
- bisticciare
- detestare
- l'indifferenza
- intrattabile
- litigare
- manifestare il proprio disaccordo
- l'ostilità
- la relazione tesa
- scortese
- seccare
- tenere il broncio

3 Tocca a te

Descrivi i tuoi rapporti con i tuoi amici:
- Che cosa aspetti dall'amicizia?
- Come tratti i tuoi amici?
- Che cosa apprezzi particolarmente?
- Che cosa non sopporti?

Les possessifs ➤➤ p. 118

- **il tuo** nasino
- **le tue** valigie
- **i nostri** genitori
- **la tua** cara Montebello

Le passé composé de piacere ➤➤ p. 118

- Come mi **sono** piaciute le Catacombe!

Ricordare

Piccoli

1 Leggere e reperire ⟩⟩

**Osserva attentamente il volantino
dell'Alitalia e rispondi.**

❶ Quali parole compongono Girovacanze
e Alitalia? Che cosa vogliono suggerire?

❷ Quale verbo viene usato due volte nello
slogan? Come viene usato la seconda volta?
Qual è l'effetto ricercato?

❸ Traduci la frase: «Vi porteremo ovunque».

❹ Sei d'accordo con l'idea di girare il mondo
e di andare ovunque? Quali sarebbero,
a parer tuo, gli effetti positivi e quelli negativi?

❺ Nel tuo quaderno, elenca tre argomenti
che devono convincere i tuoi compagni,
poi confrontate oralmente i vostri pareri.

2 Scoprire la rete autostradale italiana ⟩⟩

Osserva, leggi e spiega.

❶ Dove si trovano le autostrade in Italia? E dove è meno densa la rete? Perché?

❷ Che cos'è la tessera Viacard? Come si usa nelle uscite riservate? Nelle uscite normali?

e grandi viaggi

3 Organizzare una gita   ESERCIZI P. 49

Il segreto di Pulcinella

Scopri il treno che ti porta
per vicoli e spiagge,
per musei e pescherecci,
per sagre e monumenti.
Scopri Too-To-Train.

VIAGGI NEI LUOGHI VESUVIANI
IN CIRCUMVESUVIANA

TOO-TO-TRAIN

*Ogni fermata,
una scoperta.*

www.too-to-train.it

Circumvesuviana srl

❶ Lavorate a coppia: osservate la pubblicità
e il biglietto, poi rispondete.
a. Quali parole compongono
«Circumvesuviana»?
Quale zona (area) serve il treno?
b. Chi è Pulcinella?
A quale città si riferisce?
c. Nella zona, dove si possono trovare
vicoli, spiagge, musei, monumenti?
d. Quale parola riconosci «in peschereccio»?
Quali paesi della zona sono legati a tale attività?
e. La sagra è una festa legata alla celebrazione di un prodotto.
Se ne fanno nel tuo paese? Quali?

❷ Apri il tuo quaderno di esercizi.
a. Nel riquadro, disegna il Vesuvio, il mare e segna le città servite dal treno: Napoli,
Ercolano, Pompei, Castellamare di Stabbia, Vico Equense, S. Agnello e Sorrento.
b. Spiega con una frase più semplice, in prima persona,
le didascalie delle caselle del biglietto.
c. Devi organizzare una gita: per ogni città in cui si ferma la Circumvesuviana
scrivi quali sono le attività, le visite, i passatempi possibili.

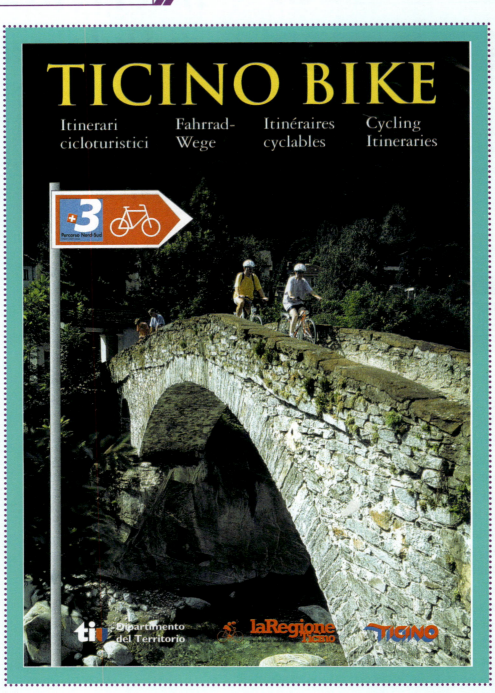

❶ Osserva e descrivi il paesaggio della fotografia.
❷ In quale paese si trova il Ticino?
❸ Quali sono i vantaggi della bicicletta in questa provincia?
❹ In quali lingue è tradotto lo slogan? Perché?

un altro paese

2 Reperire e organizzare   ⟫⟫ ESERCIZI P. 49

LA SVIZZERA IN BICI — I nove percorsi nazionali

1 Percorso del Rodano
2 Percorso del Reno
3 Percorso Nord-Sud
4 Percorso panoramico delle Alpi
5 Percorso dell'Altopiano
6 Percorso dei Grigioni
7 Percorso del Giura
8 Percorso dell'Aare
9 Percorso dei laghi

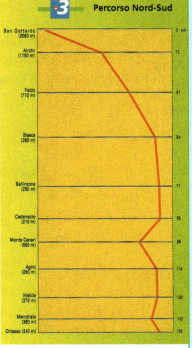

3 Percorso Nord-Sud

Grammaire et exercices

1 L'heure

Dire l'heure	Retrancher les minutes	Ajouter les minutes
è + singulier / sono + pluriel		→ e cinque
→ È l'una	→ meno venticinque	→ e dieci
→ È mezzogiorno	→ meno venti	→ e un quarto
→ È mezzanotte	→ meno un quarto	→ e venti
→ Sono le due	→ meno dieci	→ e venticinque
→ Sono le undici	→ meno cinque	→ e mezzo / e trenta

Particularité : È l'una **in punto**. / Sono le due **in punto**. → *Il est une heure (/ deux heures) « pile ».*

2 Les pronoms relatifs

Comme en français, le pronom relatif permet de ne pas répéter le mot qu'il remplace (l'antécédent) et il peut être sujet, COD COI ou complément indirect de la phrase relative.

→ Marina, tu **che** <u>sai</u> un sacco di cose, presentaci Palermo.
che a pour antécédent Marina, c'est le pronom relatif sujet du verbe sai.

→ <u>Il paesaggio stupendo</u> al di sopra **del quale** <u>voliamo</u> è la regione di Palermo.
del quale a pour antécédent Il paesaggio stupendo, c'est le pronom relatif complément circonstanciel de lieu du verbe voliamo.

→ <u>Antonella</u>, **a cui** <u>ho parlato</u>, ha già pensato a tutto.
a cui a pour antécédent Antonella, c'est le pronom relatif complément indirect du verbe ho parlato.

On remarque que :
– che s'emploie seul, il est ici sujet, mais on peut l'utiliser comme pronom relatif COD
   → Marina, **che** vediamo sorridere, accoglie i suoi amici.
– quale s'emploie avec l'article contracté lorsqu'il est complément circonstanciel ou indirect.
– cui s'emploie avec la préposition seule lorsqu'il est complément circonstanciel ou indirect.

3 Les adjectifs possessifs

singulier				pluriel			
il mio _	il nostro _	la mia _	la nostra _	i miei _	i nostri _	le mie _	le nostre _
il tuo _	il vostro _	la tua _	la vostra _	i tuoi _	i vostri _	le tue _	le vostre _
il suo _	il loro _	la sua _	la loro _	i suoi _	i loro _	le sue _	le loro _

En règle générale, les adjectifs possessifs s'emploient avec un article → **il tuo** nasino.
Lorsqu'ils accompagnent un nom de parenté, on emploie soit le possessif seul, soit l'article seul.
   La madre di Marina → ecco **sua** madre / ecco **la** madre
Lorsque le nom de parenté est au pluriel, altéré ou accompagné d'un adjectif, on emploie le possessif avec l'article. → **i nostri** genitori / **il tuo** papà / **la tua** cara sorella.
Attention, avec loro on emploie toujours un article.

❶ Écris en toutes lettres les horaires suivants.

1 08:00	4 16:30	7 10:15
2 13:15	5 21:45	8 23:30
3 11:20	6 09:02	9 12:00

❷ Transforme les horaires ci-dessous suivant le modèle.

Sono le 10 e 50 minuti
→ *Sono le undici meno dieci.*
1 Sono le 10 e 35 minuti.
2 Sono le 16 e 45 minuti.
3 Sono le 8 e 58 minuti.
4 È mezzogiorno e 45 minuti.
5 Sono le 20 e 49 minuti.
6 Sono le 9 e mezzo.
7 È l'una e 36 minuti.
8 Sono le 6 e 60 minuti.
9 È mezzanotte e 57 minuti.

❸ Réécris les phrases en remplaçant les mots soulignés par un pronom relatif.

Marina (Marina sa sempre tutto) ci presenta il programma. → *Marina che sa sempre tutto, ci presenta il programma.*
1 I ragazzi (i ragazzi vogliono viaggiare) prenotano i posti in albergo.
2 Un guaio (un guaio è successo all'ultimo minuto) ci impedisce di partire.
3 Il giornale (hai comprato il giornale ieri) pubblica il programma dei cinema.
4 La lezione (abbiamo seguito la lezione) era molto interessante.

❹ Transforme les phrases suivant le modèle.

Marina a cui ho parlato, viene con noi.
→ *Marina alla quale ho parlato, viene con noi.*
1 Il motivo per cui siamo a Palermo, è l'amicizia!
2 Il monumento di cui ti ho parlato, è molto famoso.
3 Gli orari di cui mi avete parlato, non mi convengono.
4 Le impiegate a cui ti sei rivolto, lavorano bene.
5 La poltrona su cui Gianni si è seduto, non era quella dell'imperatore Federico?
6 I giardini in cui i turisti passeggiano, odorano di limone.
7 La piazza da cui siamo partiti, si trova al centro del rione antico.

❺ Mets les phrases qui suivent à la forme progressive.

1 Antonella aspetta i suoi amici all'aeroporto.
2 La madre beve un caffè al bar.
3 L'aereo atterra all'aeroporto di Punta Raisi.
4 Molti viaggiatori prendono un tassì.
5 Gli scolari corrono per non perdere il bus.
6 Gianni risolve un problema di matematica.
7 Progettiamo anche noi un bel viaggio in Italia.
8 Perché non finisci di compilare la scheda invece di chiacchierare?

❻ Réponds aux questions suivant le modèle.

Federico ha la macchina?
→ *Sì, ecco la sua macchina!*
1 Abbiamo una cartina della città?
2 Hanno delle valigie?
3 Ha le chiavi di casa?
4 Hanno il programma delle visite?
5 Ha un giubbotto per l'inverno?
6 Abbiamo un attore preferito?
7 Ha i libri per studiare?
8 Abbiamo un sito sulla rete?

❼ Mets les phrases suivantes au pluriel.

1 Il mio amico mi raggiungerà tra poco.
2 Luigi ha portato la sua macchina fotografica?
3 Voglio vedere il tuo documento.
4 Tuo fratello sembra molto simpatico.
5 Mia zia sa ascoltare gli altri.

Gli altri siamo noi

Unità 9

Lezione 1

Una scuola particolare

Ascoltare e leggere

La scena si svolge in una scuola, la maestra interroga Zeffirini…

– Zeffirini, ti dovrei mandar via con un due, ma faccio un ultimo tentativo. Hai
5 fatto il compito a casa? Hai imparato un pezzo di telegiornale a memoria?

– Ehm… un pezzo piccolo…

– Avanti.

– Il presidente del consiglio ha parlato
10 oggi dei grandi passi avanti della nostra economia… ehm… in quanto… ha detto che l'inflazione… cioè la deflazione…

– Lo sai o non lo sai?

– No, signora maestra. Ieri non ho potu-
15 to studiare.

– E perché?

– Non ho guardato la televisione, ieri. Non ci riuscivo, mi facevano male gli occhi.

– Ah è così? – disse la maestra. – il nostro
20 Zeffirini non ha potuto guardare la televisione perché gli facevano male gli occhi. Ma senti, senti! E cosa ha fatto invece di studiare il nostro Zeffirini?

– Si è schiacciato i brufoli – suggerì una
25 voce dal fondo.

– Silenzio! Allora Zeffirini, cos'hai fatto invece di studiare?

– Ho letto.

La profe trasalì.

– Hai letto… cosa? 30

– Un libro di animali, signora maestra.

– Perché?

– Perché mi piacciono gli animali. Se vuole le posso elencare le distinzioni dei pesci in generi e classi, oppure le posso 35 parlare dei delfini e delle grandi spedizioni oceanografiche…

– Non è nel programma, Zeffirini! Quando avrai fatto i tuoi compiti, potrai leggere tutti i libri che vuoi, ma prima no! 40 Da quando non guardi il telegiornale, Zeffirini?

– Sei giorni.

Un mormorio scandalizzato percorse l'aula.

– E dimmi allora, come facevi a sapere 45 l'inizio del telegiornale ieri?

– Perché comincia quasi sempre nello stesso modo – disse Zeffirini.

Stefano BENNI, *L'ultima lacrima*,
Feltrinelli, 1994.

1 Capire e rispondere

❶ Qual era il lavoro chiesto?

❷ Chi viene interrogato in questo brano? Ha imparato la sua lezione?

❸ Che cosa ha fatto invece di guardare la TV?

❹ Come reagiscono i compagni di Zeffirini? Quali elementi del testo ti hanno permesso di rispondere?

❺ Spiega l'ultima battuta di Zeffirini.

❻ Come appare il telegiornale dopo la lettura del testo? Sei d'accordo? Illustra il tuo parere con un esempio.

❼ Zeffirini viene dal greco «Zephuros» che indicava un vento d'ovest; oggi zefiro è una parola poetica che indica un vento mite e leggero. Quale immagine dell'infanzia vuole dare l'autore attraverso la scelta di questo nome? A parer tuo, corrisponde alla realtà?

❽ Che cosa ha voluto esprimere Stefano Benni a proposito della nostra società? Condividi il suo parere? Argomenta la tua risposta o illustrala con più esempi.

ESERCIZI
P. 53

❶ Per ogni oggetto, di' come si usa.
❷ Spiega poi con una frase come può essere utile
o dannoso per l'educazione di un bambino.
❸ Apri il tuo quaderno di esercizi.
   • Segna nella tabella gli argomenti
     pro e contro più significativi.
   • Confrontate le vostre tabelle e illustrate
     i vostri argomenti con un esempio.

Per aiutarti

• coltivarsi   • scoprire
• colto   • svagarsi
• evadere   • lo svago,
• identificare   il passatempo
• imparare

3 Tocca a te

Parla delle tue attività preferite.
• Oralmente, descrivi alla classe una delle tue attività preferite e spiega in che cosa la ritieni
  positiva (quello che ti permette di fare, di sviluppare, di imparare...) e per quali aspetti
  ti aiuta a stabilire un rapporto più interessante con gli altri.

Ricordare

Per connettere ≫ perché
• Non ha potuto guardare la televisione **perché** gli facevano male gli occhi.

Le passé simple, temps de la narration ≫ p. 134
• di**sse**   • trasal**ì**
• sugger**ì**   • perco**rse**

Polemica in famiglia

Lo indovino dalla faccia, quando mio figlio deve chiedere un favore.
Infatti non mi sbagliavo, perché appena ci sediamo a tavola, domanda,
come fa lui con quell'aria sfrontata:
«Senti, mi daresti la macchina
5 domenica?».
«Non so» dico. «Se il tempo
è bello, magari io e la mamma
andiamo al mare.»
«Ma domenica si vota» ribatte lui,
10 scandalizzato. «Non siete mai
andati al mare, il giorno
delle elezioni.»
«È vero» incalza Elena,
che è sempre pronta a dargli
15 ragione.
«E poi non so neanche se andrò
a votare.» [...]
«Allora dillo, che non vuoi darmi
la macchina» insiste Matteo.
20 «Non lo so» taglio corto. «Dipende dal tempo, dipende da...»
Siamo una famiglia che è sempre stata unita, io Elena e Matteo. Ma ogni volta,
alla vigilia di una consultazione, ci spacchiamo in tre partiti. Fino a pochi anni fa
non era così. Matteo faceva le medie e pensava al basket, Elena di politica non leggeva
niente, non c'erano motivi di discussioni. Adesso è diventata un'eterna polemica,
25 specialmente all'ora di cena che è l'unico momento in cui siamo tutti e tre riuniti.

Carlo CASTELLANETA, *Rapporti confidenziali*, Mondadori, 1989.

1 Capire e rispondere

❶ Quanti anni avrà almeno Matteo? Perché?
❷ Quale favore chiede ai genitori?
❸ Come reagisce il padre? La madre?
❹ Qual è la causa della «polemica in famiglia»?
❺ Perché fino a pochi anni fa non era così? Chi è cambiato? Spiega.
❻ I tuoi genitori prestano facilmente la loro macchina
   al tuo fratello maggiore / alla tua sorella maggiore? Spiega.

2 Osservare e commentare

ESERCIZI P. 54

❶ Esamina questo sondaggio e rispondi alle domande nel tuo quaderno di esercizi.

Quanto ti senti controllato dai genitori?		Se scopri di essere controllato, come reagisci?			
molto o abbastanza	72 %	Mi arrabbio	32 %	Mi chiudo ancora di più	15 %
poco o per nulla	26 %	Chiedo spiegazioni	29 %	Altro	5 %
senza opinione	2 %	Racconto tutto	18 %	Senza opinione	1 %

Sondaggio realizzato in esclusiva dall'Istituto Cirm con 245 interviste tra giovani in età tra I 13 e i 18 anni, *L'Espresso*, 15 marzo 2001.

❷ Rispondete voi a questo sondaggio in classe e paragonate i risultati con quelli della tabella.

3 Leggere e capire

Leggi attentamente il testo qui sotto, poi rispondi.

Quando tornate, mangiamo e guardiamo la tivù. Dialogo quindi non ce n'è: se non inizio io a parlare, voi lo fate raramente. E poi, quando inizio a parlarvi, non mi ascoltate neanche per metà discorso, interrompendomi anche trecento volte e questo per tre motivi:

1 perché c'è qualcosa alla tivù che vi interessa di più;
2 perché vi interessa di più ciò che vi dice mio fratello;
3 «E*, ce lo dirai questa sera. Adesso dobbiamo andare al lavoro », poi alla sera non mi chiedete mai di finire il discorso che avevo iniziato. Se intervengo in qualche discorso neanche mi state a sentire.

Non penso di pretendere molto: vi chiedo solo di ascoltarmi come fate con tutte le altre persone durante la giornata. Penso di meritarmi più io, il vostro ascolto, che sono vostra figlia, che i clienti del negozio. (E*, Veneto)

Quello che ho da dirvi, a cura di Giuseppe CALICETI e Giulio MOZZI, Einaudi, 1998.

❶ Qual è l'unico indizio presente nel testo per sapere chi scrive? A chi si rivolge?

❷ Che cosa rimprovera ai genitori?
❸ Per quale motivo?

4 Tocca a te

❶ Paragona i due testi: qual è l'unico momento della giornata in cui genitori e figli sono riuniti? Perché? È sempre stato così in famiglia?
❷ La televisione offre la possibilità di comunicare con gli altri o impedisce il dialogo? Elenca gli argomenti per ognuno dei punti di vista e illustra la tua risposta con esempi precisi.
❸ Ti sembra importante che i genitori ascoltino i figli? Perché?

Per connettere ›› magari

● Se il tempo è bello **magari** io e la mamma andiamo al mare.

La traduction de « il y a » ›› p. 132

● Fino a pochi anni **fa** non era così.

La phrase négative : neanche ›› p. 132

● Non so **neanche** se andrò a votare.

Ricordare

Gli amanti di Verona
Romeo e Giulietta secondo Shakespeare

1 Ascoltare e capire

Ascolterai il testo due volte. Prenderai appunti ad ogni tappa del racconto.

ESERCIZI P. 54

1 L'azione si svolge a Verona. Da anni, due grandi famiglie, i Montecchi e i Capuleti si odiano.
Romeo, figlio della famiglia Montecchi, è
5 innamorato della bella Rosalina e ha due amici, Benvolio e Mercuzio.
Capuleti, il capo della famiglia rivale, si prepara a dare una grande festa per permettere a sua figlia, Giulietta, di incontrare il Conte di
10 Parigi. Quest'ultimo, infatti, vuole sposarla ed i genitori di Giulietta sono favorevoli a quest'unione. Romeo crede di trovarvi Rosalina perciò si autoinvita con gli amici Benvolio e Mercuzio a questo grande ballo in
15 maschera. Scorge Giulietta e resta folgorato dalla sua bellezza: si innamora follemente di lei. Il colpo di fulmine è reciproco. Romeo e Giulietta si rendono conto di essersi innamorati ciascuno del proprio peggior nemico.

20 **2** Al calar della notte, Romeo si avvicina sotto il balcone di Giulietta e le dichiara il suo amore. Romeo si confida il giorno dopo con fra Lorenzo, il suo confessore. Fra Lorenzo promette a Romeo di aiutarlo e di celebrare il
25 suo matrimonio, nutrendo la speranza di riconciliare Capuleti e Montecchi.
Tebaldo, cugino di Giulietta, sfida Romeo a duello. Ma il giovane rifiuta di battersi. Mercuzio, il confidente ed amico di Romeo, si
30 affretta a sostituirlo battendosi contro Tebaldo. Quest'ultimo lo ferisce a morte. Mercuzio muore maledicendo il litigio delle due famiglie nemiche. Romeo vendica la morte del suo amico ed uccide Tebaldo. Romeo,
35 ormai ricercato, deve fuggire in esilio.

3 Giulietta è in preda al dolore mentre suo padre, preoccupato, decide di accelerare il matrimonio con il Conte di Parigi. Il matrimonio avrà luogo il giorno dopo. Giulietta si
40 rifiuta. Suo padre la minaccia: o sposa il Conte, o la diseredа. Lei corre da fra Lorenzo che le propone di bere un filtro che può darle l'aspetto della morte per quaranta ore: credendola morta, la chiuderanno nella tomba dei
45 Capuleti. Fra Lorenzo verrà allora con Romeo a liberarla. Il frate promette di informare Romeo dello stratagemma. Giulietta accetta il piano. Rimasta sola nella sua camera, beve il filtro. La mattina del giorno dopo la governante la scopre inanimata. Tutta la famiglia
50 piange la morte di Giulietta.

4 A Mantova, dove Romeo è in esilio, riceve la visita del suo servo Baldassarre, che gli annuncia la morte di Giulietta. Decide di procurarsi del veleno e di ritornare a Verona per
55 morire accanto alla sua Giulietta. Durante questo lasso di tempo, fra Lorenzo apprende che il suo messaggero non ha potuto informare Romeo del suo stratagemma. Decide di recarsi alla tomba dei Capuleti per liberare Giulietta.
60 Ma il dramma precipita.

5 Romeo si reca sulla tomba di Giulietta e vi incontra il Conte di Parigi venuto a portare fiori alla fidanzata morta. Un duello ha luogo tra i due giovani e il Conte, morente, chiede a
65 Romeo, che accetta, di adagiarlo vicino a Giulietta. Romeo contempla la bellezza luminosa di Giulietta e l'abbraccia prima di bere il veleno e morire a sua volta. Fra Lorenzo è sconvolto quando scopre i corpi di Romeo
70 e del Conte di Parigi. Assiste al risveglio di Giulietta e tenta di convincerla a seguirlo e andarsi a rifugiare in convento. Ma Giulietta che scopre il corpo di Romeo mortogli vicino si pugnala con la spada del suo amante e
75 muore al suo fianco.

6 Il principe Capuleti, e il vecchio Montecchi si recano al cimitero. Fra Lorenzo narra loro la storia triste degli «amanti di Verona». I due padri sfiniti dal dolore deplorano quest'odio, 80 causa della loro disgrazia. Si riconciliano sul corpo dei loro figli e promettono di erigere in loro memoria una statua d'oro puro.

2 Capire e rispondere

ESERCIZI
P. 55

❶ **L'esordio del racconto.**
- Ascolta e reperisci il luogo, i personaggi e il problema che appare subito.

❷ Ascolta **la seconda parte** del testo e ritrova:
- i personaggi aiutanti e i personaggi oppositori,
- l'elemento nuovo che aggrava il problema.

❸ Ascolta **la terza parte** e reperisci quali sono i due elementi nuovi che appaiono.

❹ Ascolta **la quarta parte** e reperisci quale elemento trasforma la storia in tragedia.

❺ **Lo scioglimento**
- Spiega come finisce la storia d'amore.

❻ **Epilogo**
- Quale elemento positivo appare?

L'ultimo bacio di Giulietta e Romeo, Francesco Hayez, 1823.

3 Riordinare e raccontare

❶ Aiutandoti con gli appunti che hai preso, racconta la storia oralmente.
❷ Rileggi il testo e completa se certi elementi ti sono sfuggiti.

4 Ricercare in Internet

I personaggi di Romeo e Giulietta appaiono la prima volta in una novella di Luigi da Porta (1485-1529). L'opera ha ispirato moltissimi artisti e ha dato luogo ad innumerevoli adattamenti scenici e cinematografici.
Ricerca gli autori di:
- un'opera musicale famosa ● un balletto ● alcuni adattamenti cinematografici.

Per connettere » **perciò**
- Romeo crede di trovarvi Rosalina **perciò** si autoinvita.

Le gérondif » p. 134
- nutr**endo**
- credendo**la**
- maledic**endo**
- batt**endo**si

Ricordare

Per aiutarti

- l'anziana (la signora anziana)
- la consolle
- la cuffia
- la fotografia
- la lampada
- il lavello
- il quadro
- la poltrona
- il rubinetto
- la spugna

---

1 Per capire la pubblicità ▷▷

❶ Dove si trova la signora anziana?
   Che cosa sta facendo?

❷ Che cosa accade in cucina?

❸ Che cosa propone la pubblicità?

❹ Ricerca nel vocabolario i significati
   della parola pupillo.

❺ Come è composto il verbo videochiamare?
   Che cosa significa?

❻ Spiega lo slogan «Se succede lo sai».

❼ A parer tuo, come vivono spesso gli anziani?
   Quali elementi della pubblicità
   lo dimostrano?

❽ Quali sarebbero i vantaggi di Pupillo?

una pubblicità

Pupillo. Se succede lo sai.

Per connettere:
- dopo
- infine
- mentre
- poi
- prima

Per aiutarti

2 Per raccontare la storia

1. Racconta quello che ha fatto la signora anziana prima di accomodarsi nella poltrona.
2. Che cosa succede mentre ascolta la musica? Perché non si accorge di niente?
3. Immagina un lieto fine a questa storia.
4. I vicini del piano di sotto si accorgono di qualcosa, immagina la loro reazione o il loro dialogo con la signora.

A Roma c'è una strada
In questa strada c'è una casa
In questa casa c'è una stanza
In questa stanza c'è una gabbia
In questa gabbia c'è un uccello
In questo uccello c'è un cuore
In questo cuore c'è una lettera
In questa lettera c'è una storia

La storia è nella lettera
La lettera è nel cuore
Il cuore è nell'uccello
L'uccello è nella gabbia
La gabbia è nella stanza
La stanza è nella casa
La casa è nella strada
La strada è a Roma
E la storia è tutta qua.

❶ Ascolta, poi leggi due volte la filastrocca. Chiudi il libro e prova a recitarla.

❷ Adesso, leggi una prima volta il testo accanto e identifica ogni elemento con i disegni della striscia sotto.

2 Leggere e rispondere

Il vecchierello e il topo

PRIMA PARTE

Una volta un vecchierello, mentre scopava la chiesuola, vide un soldo. Lo prese e pensò:

«Cosa mi posso comprare con questo
5 soldo?» Se compro delle noci, ne devo buttare le scorze; se compro del pane, mi cascano le molliche. La meglio è che compri un bicchiere di latte.

Comprò infatti un bicchiere di latte e lo
10 mise in un buco, per berselo dopo aver finito di spazzare la chiesuola. Ma in questo mentre ci va il topo e beve tutto il latte. Lo sorprende il vecchierello, proprio mentre finiva di leccare il bicchiere, e lo afferra
15 dalla coda. Il topo tenta di scappare, ma gli si stacca la coda che rimane nella mano del vecchierello.

«Dammi la mia coda!» gli dice il topo e scoppia a piangere. «Dammi il mio latte,
20 ché io ti do la tua coda», gli ribatte il vecchierello.

Il topo piange e prega; ma il vecchierello non si commuove.

❶ Che cos'ha trovato nella chiesa il vecchierello?
❷ Perché non vuole comprare delle noci o del pane?
❸ Chi beve il latte nel bicchiere?
❹ Che cosa chiede il topo al vecchietto?
❺ Quale condizione impone il vecchietto?

allenare la memoria

Il topo, vedendo che non gli riesce di toccargli il cuore, parte e va dalla capra e le dice:

«O capra, dammi un bicchiere del tuo latte che lo devo restituire al vecchierello della chiesa; in modo che il vecchierello mi restituisca la coda. Ché io senza coda non so vivere.»

«E che forse mi hai dato l'erba?» gli dice la capra.

Il topo lascia la capra e va dal prato e gli dice:

«O prato, dammi una bracciata della tua erba che io darò alla capra. La capra mi darà un bicchiere del suo latte che io porto al vecchierello e il vecchierello mi restituirà la coda. Ché io senza la coda non so vivere.»

«E che forse mi hai data l'acqua?» gli dice il prato.

Il topo corre e va dalla fontana e le dice con le lacrime agli occhi: «O fontana che dài la tua acqua a tutta la gente, in ogni ora del giorno e della notte, dammi anche a me un poco della tua acqua. Io la porterò al prato, il prato mi darà l'erba, l'erba la porto alla capra, la capra mi darà il latte, il latte lo porterò al vecchierello che mi restituirà la mia coda. Ché io senza la coda non so vivere.»

«Che forse hai portato il muratore per aggiustarmi, quand'ero guasta?» gli dice la fontana.

«Tutti di un modo!» esclamò il topo, e corse dal muratore e gli cantò la stessa filastrocca che sappiamo*.

«Non credo, – concluse il topo, – che tu che sei uomo e che hai il cuore caldo non sentirai pietà di me!»

«Che forse mi hai portato le uova?» gli disse invece il muratore.

Il topo corre e va dalla gallina e gli dice:

«O gallina, dammi le tue uova che io porterò al muratore; il muratore aggiusterà la fontana ... e così – per non ripetere tutta la cantilena* – avrò la mia coda. Ché senza la coda non so vivere».

«E che forse mi hai portato il granturco?» gli disse la gallina.

Il topo perse ogni speranza. Ma si fece coraggio e andò dalla massaia:

«O massaia bella, dammi un po' di granturco...» e le cantò la lunga litania che conosciamo*.

La massaia era molto indaffarata; ma gli disse: «Io non ho tempo da perdere; ma ecco le chiavi del magazzino.

Vai, apri tu stesso e pigliati tutto il granturco che ti occorre. Ma bada che il granturco si trova in una giara accanto a quella dell'olio. Stai attento a non sbagliare.»

Il topo corre felice a prendere il granturco che gli farà riavere la coda. Ma successe che invece di scoprire la giara del granturco scoperse la giara dell'olio e vi cadde e annegò.

Saverio STRATI, *Miti, racconti e leggende di Calabria*, Gangemi Editore.

---

3 Leggere, imparare e scrivere   ESERCIZI P. 55

1 a. Rileggi il testo e ogni volta che trovi il segno *, prova a ricostituire l'elenco che deve fare il topo.

b. Adesso nascondi il testo e aiutandoti con i disegni racconta la fiaba.

2 Nel tuo quaderno, seguendo lo stesso schema, sostituisci gli elementi campagnoli con elementi cittadini e scrivi un'altra fiaba.

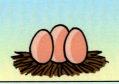   

Grammaire et exercices

Attention !
fare (facere) → fac**endo**
bere (bevere) → be**v**endo.

1 Le gérondif

● **La formation du gérondif :**
Pour les verbes en -**are** : radical + -**ando** → parl**ando**
Pour les verbes en -**ere** et -**ire** : radical + -**endo** → ripet**endo**, part**endo**, fin**endo**.

● **L'emploi du gérondif :**
Pour pouvoir utiliser le gérondif, il faut que le sujet des deux verbes soit identiques.

→ Entrando <u>in classe</u>, la maestra ha visto Zeffirini.
 – La maestra è entrata.
 – La maestra ha visto Zeffirini.

Dans le cas contraire, on utilise une proposition subordonnée :

→ La maestra ha visto <u>Zeffirini</u> **che** entrava in classe.
 – La maestra ha visto Zeffirini.
 – Zeffirini entrava in classe.

● **Un emploi particulier :** stare + gérondif
Cette tournure s'emploie pour signifier que l'action est en train de se dérouler,
c'est la forme progressive. → Che cosa stai facendo? **Sto** studiando.

● **Le gérondif et la place des pronoms**
Les pronoms compléments faibles, réfléchis, COD ou COI sont placés après le gérondif
et soudés à lui (le gérondif n'est pas un mode conjugué).

→ Lavando**ti** le mani, ti sei bagnata.
→ Vendendo**lo**, gli ho ricordato l'appuntamento con Maria.

2 L'emploi de neanche

● **Neanche précède le verbe.**
Dans ce cas, neanche sert de négation.

→ Neanche tu sei riuscito a salire sul treno.

● **Neanche est placé après le verbe.**
Dans ce cas, il faut mettre la négation non devant le verbe : dans une phrase à la forme négative,
le verbe est toujours précédé d'une négation.

→ **Non** ho capito neanch'io quello che volevano.

3 La traduction de « il y a » (valeur temporelle = « cela fait… que… »)

On utilise la 3ᵉ personne du singulier du présent de l'indicatif du verbe fare
pour exprimer le temps qui s'est écoulé.

Le verbe est conjugué à un temps du passé, très souvent au passé composé
(ce temps indique précisément que l'action est achevée).

→ Tre anni fa, i miei genitori <u>hanno fatto</u> un viaggio in Argentina.

1 Mettez-vous par groupes de deux : l'un donne le verbe à l'infinitif, l'autre donne le gérondif. Changez au bout de dix verbes.

1 prendre
2 capire
3 avere
4 uscire
5 andare
6 svolgersi
7 dormire
8 studiare
9 fare
10 bere
11 essere
12 dare
13 imparare
14 dire
15 tossire
16 dipendere
17 lasciare
18 diventare
19 leggere
20 chiedere

2 Transforme les phrases sur le modèle suivant.

Elena cucina, Elena ascolta la radio.

→ *Cucinando, Elena ascolta la radio.*

1 La maestra interroga Zeffirini, la maestra si arrabbia.
2 Si siedono a tavola, continuano a chiacchierare.
3 Giulietta sposa il Conte di Parigi, Giulietta lascia Verona.
4 Zeffirino piange, Zeffirino confessa di non aver guardato la T.V.
5 Andiamo a teatro, ci fermiamo per cenare.
6 Fra Lorenzo promette il suo aiuto a Romeo, fra Lorenzo crede di agire bene.
7 Il padre dà la macchina a Matteo, il padre non può andare a votare.

3 Transforme les phrases sur le modèle.

Zeffirini non guarda la T.V.

→ *Zeffirini non sta guardando la T.V.*

1 Legge un libro sugli animali.
2 Romeo beve il veleno.
3 Fai i tuoi compiti.
4 Ascolto la radio.
5 Aspettano i loro amici.
6 Dormite all'aperto.
7 Zeffirini risponde alle domande della maestra.

4 Transforme sur le modèle.

Neanch'io sono uscito.

→ *Non sono uscito neanch'io.*

1 Neanche la madre va a votare.
2 Neanche tu sei cambiato.
3 Neanche noi abbiamo dormito bene.
4 Neanch'io comprerò le bistecche.

5 Fais l'exercice inverse.

Non sono uscito neanch'io.

→ *Neanch'io sono uscito.*

1 Non guardano la T.V. neanche loro.
2 Non voglio neanch'io andare in piscina.
3 Non va neanche lui dal medico.
4 Non leggi neanche tu la commedia.

6 Construis des phrases avec les différents éléments qui te sont proposés en suivant le modèle.

tre anni / Luigi e Franco / andare a Lione
→ *Luigi e Franco sono andati a Lione tre anni fa.*

1 due settimane / partire per Firenze / Lisa.
2 un anno / incontrarsi a Napoli / noi.
3 dieci giorni / essere malato / io.
4 quattro mesi / avere un incidente / Ugo.
5 due ore / avvisare gli amici / voi.

7 Traduis en italien.

1 Les élèves doivent apprendre par cœur un passage du journal télévisé.
2 « Mais tu me l'avais promis ! », réplique le jeune homme.
3 Roméo a rencontré Juliette à un bal masqué.
4 J'ai mal aux yeux donc je ne travaillerai pas avec l'ordinateur.
5 Je suis en train de raconter l'histoire des amants de Vérone.
6 Notre famille a toujours été unie.
7 Zeffirini aime les animaux.
8 Ton frère non plus n'ira pas voter.

Lezione 1

Lo stretto di Messina: tra Scilla e Cariddi
▶ Le détroit de Messine, la mer et la navigation
◆ Les temps du passé (révision)

Lezione 2

Annibale varca le Alpi
▶ Rome et Carthage, les montagnes
◆ Utilisation des temps du passé et des marqueurs temporels

Lezione 3

La distruzione di Pompei
▶ Pompei et Herculanum, les volcans en Italie
◆ Le passé simple

Per andare avanti

La sirena di Palermo
▶ Lire un conte

L'opera dei Pupi
▶ Les marionettes traditionnelles siciliennes

Lezione 1

Lo stretto di Messina

1 **Un po' di geografia**

Lo stretto di Messina separa la Sicilia dalla penisola italiana: è largo 3,3 chilometri.

5 Lo stretto congiunge il mare Ionio al mare Tirreno. Le maree hanno fasi opposte: mentre c'è l'alta marea fino a Capo Peloro (bacino tirrenico), si
10 verifica la bassa marea fino a Punta Pezzo (bacino ionico) e viceversa. Dunque ci sono correnti e controcorrenti, che mutano direzione ogni sei ore.

Di conseguenza, le difficoltà di naviga-
15 zione sono grandi:
gli innumerevoli naufragi hanno reso lo stretto famoso sin dall'Antichità.

2 **Geografia e mitologia**

Nella mitologia, Scilla e Cariddi avevano l'apparenza di due mostri che abitavano due scogli e divoravano i marinai che 5 si avvicinavano a loro.
Scilla aveva dodici piedi, sei colli con altrettante bocche, ciascuna con tre file di orribili denti. Dimorava in una cupa caverna sca- 10 vata in una roccia sul mare.
Di fronte, abitava Cariddi che tre volte al giorno inghiottiva le acque del mare e tre volte le vomitava. Questi due mostri minacciavano quindi la vita dei marinai 15 che avevano la sventura di passare tra i loro scogli.

1 Capire il testo 1 e rispondere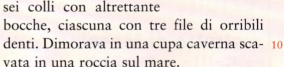

❶ Quanto è largo questo stretto?
❷ Dove si trova?
❸ Quali mari congiunge?
❹ Quale particolarità hanno le maree?
❺ Quali sono state le conseguenze sin dall'Antichità?

La fauna
Queste particolari condizioni naturalistiche favoriscono anche il transito di pesci di ogni tipo. Tra i più famosi si possono citare:
il tonno, il delfino
e il pescespada.

2 Capire il testo 2 e rispondere

❶ Chi sono Scilla e Cariddi?
❷ Come si può spiegare il mito di questi due mostri?
❸ Quali elementi della realtà geografica si ritrovano nel mito?

Imparare parole nuove
Da questo mito è nata l'espressione «trovarsi tra Scilla e Cariddi» che significa trovarsi tra due grandi pericoli, cioè essere nella situazione di chi, per evitare un pericolo, rischia di cadere in un altro, altrettanto grande.

3 Ascoltare, capire e rispondere

A1

- Apri il tuo quaderno di esercizi a pagina 59, ascolta il testo e rispondi.

ESERCIZI
P. 59

4 Leggere e rispondere

A2

GEOGRAFIA E LEGGENDA

Molte altre leggende riguardano lo stretto. Ecco la più famosa.

La leggenda di Colapesce

Nella città di Messina viveva un giovane bello e forte di nome Cola. Era un abilissimo pescatore, famoso per le sue imprese marine. Infatti, Cola nuotava come un delfino e poteva rimanere sott'acqua molto tempo. Era talmente eccezionale che la
5 gente gli attribuì il nomignolo di «Pesce». Si racconta che un giorno l'imperatore Federico II (che regnò sulla Sicilia dal 1211 al 1250) navigava per lo stretto di Messina e perse in mare la corona. Gli abitanti della città chiamarono subito Cola che si tuffò negli abissi e recuperò la corona. Per ricom-
10 pensarlo, Federico II offrì a Cola di venire con lui a Palermo a vivere una nuova vita nel suo palazzo, tra gli agi e le ricchezze. Anziché accettare, Cola si mise a piangere. Egli spiegò che aveva visto nelle profondità marine che una delle tre colonne che reggevano la Sicilia stava per rompersi. Disse: «Non vi
15 posso seguire. Nessuno è più ricco del mare e nulla è più bello della mia terra.» Detto ciò, si tuffò di nuovo. L'imperatore l'aspettò ma lui non salì mai più: rimase negli abissi a reggere la colonna che si stava rompendo.

❶ Rispondi alle domande.
a. Chi era Colapesce?
b. Perché era famoso?
c. Che cosa perse Federico II?
d. Che cosa fece Colapesce?
e. Come volle ricompensarlo l'imperatore Federico?
f. Come reagì Colapesce?
g. Che cosa aveva visto sott'acqua?
h. Che cosa decise di fare?
❷ Ora chiudi il libro e racconta la leggenda al presente.

5 Tocca a te

A1

- Ogni luogo geograficamente eccezionale (o città, o paesino di antica origine) ha suscitato delle leggende. Ne conosci una? Raccontala.

Da molti anni, un ponte è stato sognato, immaginato e ideato per collegare la sponda siciliana di Capo Peloro a quella calabrese di Scilla / Villa San Giovanni. Il progetto di costruzione suscita molte discussioni tra chi è favorevole alla sua costruzione e chi è contrario.

Progetto di ponte

Les temps du passé ❯❯ p. 147

Révision de l'imparfait
- ave**va** • dimora**va** • scava**va**

Révision du passé composé
- **hanno** res**o**

Ricordare

Annibale varca le Alpi

1 Leggere e rispondere

Una protezione naturale

La penisola italiana possiede, a nord, una frontiera naturale che per molti secoli le ha fatto da scudo contro gli invasori: la catena delle Alpi. Oggi, per favorire gli scambi, le reti ferroviarie e stradali attraversano la montagna grazie ai trafori del Monte Bianco o del Gottardo, ma tempo fa esistevano soltanto passi come quello della Maddalena o del Brennero per raggiungere l'Italia.

Pochi anni fa, è stata trovata nelle Alpi la zanna di un elefante vecchia di 22 secoli. Come mai?

❶ Quali sono i paesi che confinano con l'Italia?
❷ Perché le Alpi sono state per lunghi secoli la «protezione naturale» del paese?
❸ Che cosa è stato trovato nelle Alpi, pochi anni fa?
❹ Che cosa dimostra tale elemento? Esponi la tua ipotesi.

2 Leggere, reperire e rispondere

Due città nemiche: Roma e Cartagine

Cartagine era una potente città dell'Africa settentrionale fondata nell'814 avanti Cristo. Si trovava accanto all'attuale Tunisi. La sua potenza poggiava sull'egemonia marittima e commerciale.

Roma fu fondata nel 753 a.C. e la sua espansione spinse i Romani sui mari sicché divenne presto la rivale di Cartagine. Tre grandi conflitti chiamati guerre puniche (dal nome greco della città, «Poeni») opposero le due città: la prima guerra punica (264-241 a.C.), la seconda guerra punica (218-202 a.C.) e la terza guerra punica (149-146 a.C.). I tre scontri terminarono con la vittoria definitiva di Roma che distrusse Cartagine nel 146 a.C.

❶ Trova il contrario delle parole seguenti rispettando il genere e il numero dei nomi e degli aggettivi e il tempo e la persona dei verbi:
- nemiche
- avanti Cristo
- grandi
- la vittoria
- potente
- accanto a
- prima
- distrusse
- settentrionale
- la potenza
- terminarono

❷ Osserva la cartina sopra a destra. Su quale continente si trova Cartagine?
❸ Quale città fu fondata per prima, Roma o Cartagine?
❹ Come furono chiamati i conflitti che opposero le due città? Qual è l'origine di questa parola?

3 Ascoltare, capire e rispondere

La prima attraversata delle Alpi

Nel terzo secolo avanti Cristo, un giovane comandante cartaginese di appena 29 anni attraversò le Alpi con il suo esercito e i suoi elefanti per affrontare i potenti Romani. Ma chi era questo giovane generale? Quali motivazioni lo spinsero ad affrontare i pericoli? Annibale, figlio di Amilcare, capo dei Cartaginesi, crebbe nell'odio dei Romani. Si dice che il padre gli avesse fatto giurare di combattere i Romani.

Adesso ascolta il testo registrato.

❶ Chi era Annibale? Che cosa lo convinse a fare il padre?
❷ Perché il suo progetto è audace e astuto?
❸ Quali elementi dimostrano che era uno stratega molto fine?
❹ Ascolta il testo un'altra volta e ritrova gli elementi importanti della storia: la situazione storica e geografica, la personalità di Annibale, la spedizione militare.
❺ Apri il tuo quaderno di esercizi e traduci le espressioni temporali.
❻ «La prima attraversata», «nel terzo secolo»: fate una gara per vedere chi è il più rapido della classe a citare i primi quindici numeri ordinali al maschile.

4 Ascoltare, osservare e rispondere

La TAV
(ferrovia ad Alta velocità)

● **Il progetto**
È stato approvato nel maggio 2004 dai governi italiano e francese.

● **I costi**
Sono di 13,5 miliardi di euro, 6,7 dei quali per il grande tunnel tra San Didero e St. Jean de Maurienne lungo 53,1 km.

❶ Ascolta e osserva la piantina.
Quali sono le città che si trovano sul tracciato del progetto?
❷ Che cosa vuole ridurre?
❸ È ancora un problema oggi attraversare le Alpi? Perché?

La distruzione di Pompei

Ascoltare e leggere

A2

1 La parola vulcano viene da Vulcano, dio del fuoco.

L'Italia meridionale è una terra particolarmente vulcanica. Famosi sono tre vulcani ancora attivi: il Vesuvio (m 1277 di altezza), lo Stromboli (m 926), che occupa tutta l'isola dello stesso nome e l'Etna in Sicilia (m 3345).

Una delle più spettacolari eruzioni dell'Etna risale al 1669: la lava arrivò fino a Catania situata a più di 30 chilometri di distanza.

L'ultima eruzione del Vesuvio si produsse nel 1944 durante la seconda guerra mondiale, creando difficoltà agli aerei degli alleati che non vedevano più niente.

ESERCIZI
P. 59

2 Da parecchie centinaia di anni, il vulcano Vesuvio dormiva. Nell'ottavo secolo a.C., i Romani avevano edificato sui pendii del vulcano una città: Pompei. Con gli anni, la città era diventata luogo di vacanza per i ricchi romani. Altre città esistevano, come ad esempio quella di Ercolano. Ma il 24 agosto del 79 a.C. ...

Ore 10.00: Un rumore spaventoso squarciò l'aria serena: la lava indurita che chiudeva il cratere del vulcano esplose sotto la pressione del gas. Un nuvolone si innalzò al di sopra del Vesuvio e si distese sulla città. La lava venne proiettata verso l'alto.

10.15: Una pioggia di scorie e di lapilli si abatté su Pompei e la distrusse.

11.00: Un nebbione di ceneri, spinto dal vento, e una pioggia fittissima caddero sulla città che subiva nello stesso tempo un fortissimo terremoto. L'aria era carica di gas tossici. Alcuni abitanti che erano riusciti ad evitare le proiezioni fuggirono verso il mare ma un violento maremoto li impedì di imbarcarsi e morirono soffocati dai vapori di zolfo.

13.00: La città di Pompei era ricoperta da uno strato di 4 metri di ceneri, come la vicina Ercolano anch'essa distrutta dall'eruzione.

Abbiamo una testimonianza precisa della catastrofe: Plinio il Giovane che quel giorno, si trovava su una nave nel Golfo di Napoli, di fronte a Pompei, osservò l'eruzione e raccontò tutto nelle sue lettere all'amico Tacito.

Gli scavi, metodici e scientifici, iniziati nel 1861, permisero di ritrovare case, anfore, mosaici, cibi e perfino corpi umani pietrificati.

Oggigiorno esiste una Pompei moderna costruita vicino alla città antica.

❶ Leggi la prima parte del testo ad alta voce senza dimenticare i numeri.
❷ Ascolta la seconda parte del testo.

Per aiutarti

- annegare
- annientare
- aprirsi
- le ceneri
- crollare
- distruggere
- il nuvolone
- le onde
- ricoprire
- scatenarsi
- seppellire
- spandersi
- tremare

❶ Ascolta il racconto della distruzione di Pompei e prendi appunti.
Insieme, cercate di ricostruire la cronologia dei fatti.
Poi leggete il testo e verificate la precisione della vostra memoria.

❷ Ritrova i tre nomi delle catastrofi naturali che si produssero a Pompei e scrivi una breve definizione per ognuna di loro.

2 Riflettere
A1

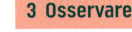

Sismografo nell'Osservatorio del Vesuvio

❶ Perché nell'antichità tante persone morirono?

❷ Qual è l'obiettivo dell' Osservatorio Vesuviano (Centro di vigilanza)?

3 Osservare
A1

- Descrivi l'affresco e spiega quello che rivela sul modo di vita dei Romani dell'antichità.

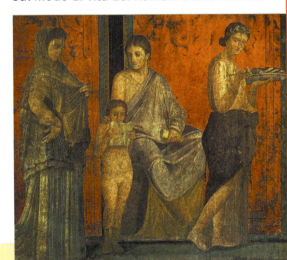

Affresco, Villa dei Misteri, Pompei

Ricordare

Le passé simple » p. 147

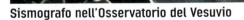

- squarciò
- esplose
- si distese
- venne
- si abatté
- morirono
- permisero

La sirena

Ascoltare e leggere

ESERCIZI
P. 60

Ulisse e le sirene

La sirena di Palermo

PRIMA PARTE

Una volta un pescatore di Palermo trovò nella rete[1], insieme ai pesci, una piccola sirena. Si spaventò, e stava per lasciar ricadere la rete in mare, ma si accorse che
5 la sirena piangeva e non ne ebbe più paura.

– Perché piangi? – le domandò.

– Ho perduto la mia mamma.

– E com'è successo?

10 – Giocavamo a nasconderci tra gli scogli[2]. Mi sono allontanata troppo dalle mie compagne e non le ho più ritrovate. Sono due giorni che nuoto in cerca di loro, in cerca di qualcuno, non conosco la strada per tor-
15 nare a casa.

– Eh, il mare è grande! – disse il pescatore, sorridendo alla sirena. Era una sirena bambina, appena più alta di una bambola. I suoi capelli biondi erano fradici[3]. Dalla
20 vita in giù[4] le sue squame[5] di pesce scintillavano al sole.

– Portami con te, – disse la sirena. – Io non so dove andare.

– Ti porterei, – rispose il pescatore. – Ma ho già cinque figli da mantenere, la casa 25 è piccola e io guadagno poco.

– Portami con te, – pregò di nuovo la sirena bambina. – Io non occupo molto posto. Ti prometto che starò buona e non avrò quasi mai appetito. 30

– Sentiremo quando sarà mezzogiorno.

– Allora mi porti?

– Nasconditi[6] in quella cesta. Non voglio che la gente ti veda.

– Sono brutta? 35

– Anzi, sei tanto bellina. Ma la gente trova sempre da ridire e da chiacchierare.

---

1 la rete: *le filet*
2 lo scoglio: *le rocher*
3 fradici: *trempés*
4 dalla vita in giù: *à partir de la taille*
5 le squame: *les écailles*
6 nascondersi: *se cacher*

SECONDA PARTE

Così il pescatore portò a casa la sirena bambina. Sua moglie brontolò un poco, ma non troppo: la sirena era graziosa, i 40 suoi occhi erano buoni e allegri. I bambini del pescatore erano addirittura felici.

– Finalmente ci hai portato una sorella, – dicevano. Erano cinque maschi e a metterli vicini le loro teste scure sembravano 45 i gradini di una scala.

– Faremo così, – disse il pescatore, – le prenderemo una carrozzella, perché deve stare sempre seduta. Le metteremo davanti una coperta e diremo che ha le 50 gambe malate. Diremo che è figlia di un parente di Messina, e che è venuta a stare un po' con noi.

E così fecero.

di Palermo

TERZA PARTE

55 Il pescatore e la sua famiglia abitavano in un povero vicolo, in un quartiere di vicoli poveri e stretti. Le case erano brutte e la gente stava quasi sempre fuori. Nel vico-lo, poi, c'erano tante bancarelle, vi si ven-
60 deva di tutto: pesci, formaggi, abiti usati, qualsiasi cosa. Di sera ogni bancarella accendeva un lume ad acetilene[1], e quella luminaria[2] metteva addosso una festosa allegria.
65 La piccola sirena, seduta nella carrozzella fuori della porta di casa, non si stancava mai di quello spettacolo. Tutti la conosce-vano, ormai. Ogni donna che passava, pen-sando alla sua malattia, si fermava a farle
70 una carezza e le diceva una parola gentile. I giovanotti scherzavano con lei e fingeva-no di litigare tra loro per sposarla. I figli del pescatore non parlavano che di lei, erano molto orgogliosi della sua bellezza e le por-
75 tavano le piccole meraviglie che riuscivano a trovare, vagando tutto il giorno per i vicoli: una scatola di cartone, un giocatto-lo di plastica, tante cose così.

1 un lume ad acetilene: *une lampe à acétylène*
2 la luminaria: *la lumière*

QUARTA PARTE

La piccola sirena adesso si chiamava
80 Marina.
Una sera la portarono a vedere il teatro dei pupi. Chi non l'ha visto non sa com'è bello. Sul palcoscenico del teatro i guerrie-ri, nelle armature splendenti, compiono
85 imprese meravigliose, battendosi in duello con coraggio. Le principesse portano anche loro la corazza e la spada, e non sono meno ardimentose dei paladini. I loro nomi sono nobili e sonori: Orlando,
90 Rinaldo, Carlomagno, Guidosanto, Angelica, Brandimarte, Biancofiore.
Marina era incantata e felice. Quando poi fu l'ora di andare a letto, cominciò anch'essa a raccontare. Sapeva storie
95 meravigliose, le aveva imparate quando viveva nel mare con le altre sirene.

Per esempio, sapeva la storia di Ulisse e dei suoi viaggi, e di quella volta che passò con la sua nave accanto all'isola delle sirene. Chi udiva il canto delle sirene subito si get- 100 tava in mare per rimanere con loro. Ulisse voleva udire quel canto, ma non voleva dimenticare e perdere la strada di casa. E così l'astuto capitano riempì di cera le orec-chie dei suoi marinai, perché badassero alla 105 nave, ma nelle proprie orecchie non mise nulla: poi si fece legare all'albero maestro, per non provare la tentazione di gettarsi in mare. Le sirene gli cantarono le loro canzo-ni più belle ed egli pianse ascoltandole, 110 pregò i suoi compagni di scioglierlo. Ma i suoi compagni avevano le orecchie tappa-te, non udivano e non capivano nulla. Da quella volta Marina non cessò mai di rac-contare. Erano storie di tutti i popoli e di 115 tutti i tempi; delle genti che l'una dopo l'al-tra avevano messo piede sulla terra siciliana o ne avevano corso il mare: Fenici, Cartaginesi, Greci, Romani, Arabi, Normanni, Francesi, Spagnoli, Italiani... E 120 storie di pesci, di mostri sepolti negli abissi marini, di navi affondate e spolpate lenta-mente dall'acqua.

QUINTA PARTE

Intorno alla sua carrozzella, nel povero vicolo, c'era sempre un crocchio di bam- 125 bini. Sedevano silenziosi sui gradini della casa del pescatore, si accoccolavano sul selciato, spalancavano i loro occhi di car-bone e di diamante, e non erano mai stan-chi di ascoltare. 130
Ogni donna che passava si fermava un momento, e quando andava via si asciu-gava una lagrima.
– Quella bambina è una sirena, – diceva-no i vecchi pescatori. – Guardate come ha 135 incantato tutti. E' proprio una sirena.
Più nessuno, ormai pensava a lei come a una povera bambina infelice perché non poteva camminare. La sua voce era chiara e squillante, e nei suoi occhi c'era sempre 140 una luce di festa.

Gianni Rodari, *Il libro degli errori,* Einaudi, 1964.

L'opera

Che cosa sono i pupi?

I pupi siciliani sono un'opera d'arte unica: una scultura di legno, metallo e stoffa, mossa da due aste metalliche, una sulla testa e l'altra nella mano destra e da alcuni fili, generalmente di spago, molta diversa dalle tradizionali marionette (molto più piccole e mosse solo da fili).
Le storie rappresentate si ispirano al repertorio cavalleresco e mettono in scena i Paladini di Carlo Magno.

- Quali sono gli elementi che contraddistinguono il pupo dalla classica marionetta?

Chi sono i personaggi rappresentati, i Paladini?

Il termine Paladino, dall'aggettivo latino palatinus (del palazzo), descrive ciascuno dei 12 Pari al servizio nell'esercito di Carlo Magno. Essi costituivano una sorta di guardia d'onore dell'Imperatore. I Paladini o Pari erano scelti personalmente da Carlo Magno e obbedivano solo al re, ognuno era

un nobile, conte o duca, e doveva possedere particolari virtù: fede, lealtà, forza e sprezzo del pericolo.
I vari personaggi hanno un diverso abbigliamento in base al loro ruolo. Esso prevede una «faroncina», cioè un gonnellino, e dei pantaloni alla zuava per i Pagani, i Paladini oltre al gonnellino hanno anche delle calze lunghe a coscia, i Mori, invece, indossano una tunica e portano uno scudo solitamente rotondo, una lancia e un turbante.

1. Da quale parola latina deriva Paladino?
2. Chi era il Paladino?
3. Da quali virtù è caratterizzato? Perché?
4. Come sono vestiti i Pupi che li rappresentano?

dei pupi

Qual è la loro storia?

La storia dei Paladini di Francia narra le innumerevoli battaglie tra Cristiani e Mori nella Spagna dell'VIII secolo d.C. ed in particolare racconta la dolorosa sconfitta di Roncisvalle, in cui persero la vita, vittime di un'imboscata, le più valorose «spade» cristiane e fra tutte il prode Orlando ed il saggio Oliviero

❶ In quale secolo si svolge questa storia? Perché?
❷ A quali battaglie si riferisce?
❸ Come si chiama la più dolorosa sconfitta?
❹ Qual è la famosa opera francese del secolo XI che racconta questo episodio?
❺ Ricerca in Internet : quali sono i titoli delle opere italiane che lo mettono in scena nei secoli successivi?

I personaggi citati nel racconto

Carlo Magno è il potentissimo Re di Francia e Imperatore del sacro Romano Impero.

Orlando è il più valoroso dei Paladini di Carlo Magno, ed è un personaggio realmente esistito nel secolo IX. Salva la vita a Carlo Magno: è dotato di grande coraggio ed è animato da sentimenti di grande fedeltà e lealtà nei confronti del suo re; tra i personaggi dell'Opera dei pupi è quello in cui maggiormente storia e leggenda si confondono.

Angelica è la donna saracena per cui lo stesso Orlando impazzisce d'amore perdendo il senno che soltanto sulla luna riuscirà a ritrovare.

Rinaldo è il cugino di Orlando, secondo cavaliere della corte di Carlo.

Brandimarte è una guerriera caratterizzata da armature ed armi con le insegne del proprio casato.

● Chiudi il libro e ritrova i nomi dei personaggi.

Grammaire et exercices

1 Emploi de l'imparfait

- **Les formes**
Rappel : c'est un temps régulier du passé (Cf. tableaux p. 176).
    avere → ave**va** / dimorare → dimora**va** / scavare → scava**va**
- **L'emploi**
Dans un récit au passé, l'imparfait exprime une action qui dure.

2 Emploi du passé composé

- **Les formes**
Rappel : c'est un temps composé.
L'auxiliaire avere ou essere est conjugué au présent de l'indicatif et il est suivi du participe passé du verbe (Cf. tableaux p. 176).
    rendere → hanno reso
- **L'emploi**
Dans un récit au présent, le passé composé exprime une action achevée ponctuelle.
Dans un récit au passé, le passé composé exprime une action achevée dont les conséquences sont encore actuelles.

3 Emploi du passé simple

- **Les formes**
– Les verbes réguliers au passé simple : leur conjugaison fait appel à un seul radical.
Presque tous les verbes en -are et -ire sont réguliers. Peu de verbes en -ere sont réguliers à ce temps.

attraversare	temere	capire
attravers- ai	tem- ei	cap- ii
attravers- asti	tem- esti	cap- isti
attravers- ò	tem- è	cap- ì
attravers- ammo	tem- emmo	cap- immo
attravers- aste	tem- este	cap- iste
attravers- arono	tem- erono	cap- irono

– Les verbes irréguliers au passé simple :
    leur conjugaison fait appel à au moins deux radicaux.

essere	avere	spingere	opporre	distruggere
fui	ebbi	spinsi	opposi	distrussi
fosti	avesti	spingesti	opponesti	distruggesti
fu	ebbe	spinse	oppose	distrusse
fummo	avemmo	spingemmo	opponemmo	distruggemmo
foste	aveste	spingeste	opponeste	distruggeste
furono	ebbero	spinsero	opposero	distrussero

Attention !
C'est le temps du récit en italien.

- **L'emploi**
Le passé simple exprime une action ponctuelle dans le passé.

❶ Mets à l'imparfait les formes verbales suivantes.

1 ho
2 separa
3 finisci
4 mutano
5 vive

6 favoriscono
7 attribuisco
8 reggono
9 congiunge
10 salite

❷ Mets ces phrases à l'imparfait.

1 Ulisse è un abilissimo navigatore.
2 Cartagine si trova accanto all'attuale Tunisi.
3 I Romani edificano molte città in Europa.
4 La gente vive spensierata accanto al vulcano.
5 Scilla e Cariddi hanno l'apparenza di due mostri.
6 Abitano due scogli e divorano i marinai.
7 Le città si oppongono per motivi economici.
8 I guerrieri partono dall'Africa.

❸ Retrouve l'infinitif des verbes à partir des participes passés suivants.

1 avuto
2 vissuto
3 stato

4 favorito
5 visto
6 spinto

7 costruito
8 caduto
9 esploso

❹ Mets les phrases suivantes au passé composé.

1 I romani fondano delle città famose.
2 Gli archeologi ritrovano reperti interessanti.
3 Le guerre puniche oppongono due grandi potenze.
4 Leggo questi racconti con molto interesse.
5 Plinio il Giovane descrive l'eruzione del 79 a.C.
6 Virgilio vive in una villa della costiera amalfitana.
7 Dopo un lungo viaggio, Ulisse torna a Itaca.
8 Annibale decide di attaccare Roma.

❺ Retrouve le présent de l'indicatif des formes verbales suivantes.

1 osservò
2 favorirono

3 si produsse
4 nacque

5 permisero
6 morì

7 spinsero   8 vissero   9 videro

❻ Réécris ce récit en utilisant le présent de l'indicatif pour exprimer les actions qui durent et le passé composé pour exprimer celles qui sont ponctuelles.

Fortunatamente, Ulisse era un abilissimo navigatore e ancora una volta lo dimostrò.
Riuscì ad evitare i vortici creati da Cariddi ed aveva quasi superato il pericolo, quando si accorse che la nave si stava avvicinando… a Scilla. In un lampo, il mostro tirò fuori le sue sei zampe, afferrò sei marinai, (quelli che nella nave gli si trovavano più vicino) e immediatamente, li divorò.
Né Ulisse né gli altri marinai ebbero il tempo di intervenire. Per molto tempo sentirono ancora un rumore terrificante: quello delle ossa dei marinai che si spaccavano sotto i denti di Scilla.

❼ Réécris cette biographie de Léonard de Vinci en conjuguant les verbes entre parenthèses, suivant les cas, soit au présent, soit au passé composé.

(Nascere) a Vinci nel 1452. (Vivere) soprattutto a Firenze e a Milano. (Interessarsi) non solo alla pittura, ma anche all'architettura, alla scultura, alla scienza e alla tecnica. Tra il 1503 e il 1507 (dipingere) il quadro che lo (rendere) famoso: La Gioconda. (Recarsi) in Francia su invito del re Francesco I. (Morire) presso Amboise nel 1519.

❽ Traduis les phrases suivantes.

1 Il generale cartaginese decise di affrontare Roma.
2 Gli abitanti di Pompei vissero per molti anni felici e spensierati.
3 Roma conquistò e distrusse Cartagine.
4 L'imperatore perse la corona in mare e Cola la ricuperò.
5 Ulisse si accorse che i suoi marinai erano stanchi.

Lezione 1

Leonardo da Vinci

L'uomo rinascimentale

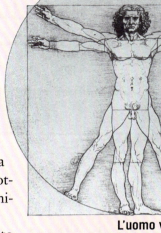

L'uomo vitruviano

1 *Testo registrato*

2 «Nacqui il sabato 15 Aprile 1452, nel borgo di Vinci, in Toscana, tra Empoli e Pistoia.

A sedici anni mi trasferii a Firenze con tutta la
5 mia famiglia ed iniziai subito a frequentare la bottega di Andrea Verrocchio, bottega in cui si riunivano filosofi e scienziati da cui imparai molto.

Mosso da una grande curiosità e da un appetito immenso di conoscere e di capire il più a fondo possibile il mondo che mi circon-
10 dava, viaggiai tanto. Dopo Firenze vissi a Milano.

Ero attratto non solo dall'Arte, come pittore, musicista e scultore, ma anche dall'architettura, dall'ingegneria civile e militare e dall'idraulica, sicché costruii scale d'assalto, ponti e rivoluzionarie macchine offensive come le giganteschе balestre.

15 Fui anche appassionato tanto di matematica quanto di fisica e di anatomia.

Scrissi moltissimi appunti (si calcolano 5000 fogli).

Per esaltare la magnificenza della corte, mi divertii persino a progettare splendidi artifizi per memorabili feste.

Nel 1513, invitato dal re di Francia Francesco I, mi recai ad Amboise dove morii
20 il 2 maggio 1519. Fui sepolto nella chiesa di S. Fiorentino ad Amboise: dei miei resti non vi è più traccia a causa delle profanazioni delle tombe avvenute durante le guerre di religione del XVI secolo.

Sono ritenuto uno dei maggiori esempi dell'uomo rinascimentale.»

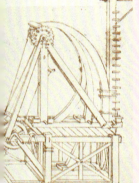

1 Capire e rispondere

A1

ESERCIZI
P. 65

❶ Ascolta il Testo 1. Poi apri il tuo quaderno di esercizi, ascolta e completa.

❷ Ascolta il Testo 2 e rispondi alle domande seguenti.

a. Quando nacque Leonardo da Vinci?
b. Dove si trova Vinci?
c. In quali città italiane visse soprattutto?
d. Di che cosa si interessò?
e. Quale re lo fece venire in Francia?
f. Dove e quando morì?

g. Quanti anni aveva?
h. Da questo ritratto spiega che cos'è l'uomo rinascimentale.
i. Su quale moneta dell'euro è raffigurato l'uomo vitruviano?
j. Per quale motivo la Gioconda si trova al museo del Louvre a Parigi, secondo te?
k. Quale differenza hai notato tra il primo testo che hai ascoltato e il secondo?

2 Osservare, reperire e rispondere

❶ Il ritratto
  a. Osserva il ritratto di Monna Lisa: chi guarda?
  b. A che cosa è dovuta l'impressione di movimento?
  c. Quali sono le parti del quadro più illuminate?
Perché, secondo te?
  d. Perché Monna Lisa è stata definita «enigmatica»?

❷ Il chiaroscuro
  Leggi attentamente questo testo, poi rispondi.

> Il chiaroscuro modella i corpi e lascia filtrare la luce con lo scopo di riempire lo spazio. Leonardo è il primo a sapere dipingere l'aria. Infatti ha osservato che i soggetti in lontananza sono meno nitidi anche per effetto dell'aria che riempie la distanza, e lui rende tale effetto ottico grazie ad una leggera patina di azzurrino. La prospettiva aerea ed atmosferica, specialmente nei paesaggi, fa parte delle sue tante innovazioni.

  a. Che cosa raffigura questo paesaggio?
  b. Quali sono i colori dominanti?
  c. Quale effetto produce questo sfumato?
  d. Da che cosa si caratterizza il chiaroscuro?

Quadro dipinto ad olio su legno. Misura cm.77 x cm.53

Opera celeberrima fu l'enigmatica *Monna Lisa*, detta anche *Gioconda*, attualmente conservata al museo del Louvre di Parigi.

3 Leggere e commentare

Aforismi di Leonardo
- «Ogni nostra cognizione[1] principia[2] dai sentimenti.»
- «Chi punisce il male comanda che lo si faccia.»
- «La sapienza[3] è figliola dell'esperienza.»
- «Meglio è la piccola certezza[4] che la gran bugia[5].»
- «La vita ben spesa lunga è.»
- «Chi semina[6] virtù fama[7] raccoglie.»

1 la cognizione: *la connaissance*
2 principiare: *commencer*
3 la sapienza: *le savoir*
4 la certezza: *la certitude*
5 la bugia: *le mensonge*
6 seminare: *semer*
7 la fama: *la notoriété*

❶ Leggi attentamente questi aforismi più volte
poi chiudi il quaderno e controlla se li sai a memoria.
❷ Quali sono i due aforismi che illustrano meglio
lo spirito scientifico di Leonardo? Perché? Spiega.
❸ Scegli l'aforisma che preferisci e commentalo, illustrandolo con esempi precisi.

Ricordare

Le transfert du passé composé au passé simple p. 160
- sono nato (-a) → nacqui
- sono vissuto (-a) → vissi
- sono stato (-a) → fui
- ho imparato → imparai

Giuseppe Garibaldi
(1807- 1882)

Ascoltare e capire

1 *Prima parte registrata*

2 SECONDA PARTE

Garibaldi: Nel 1859, i piemontesi, aiutati dai francesi, hanno battuto gli austriaci a Solferino e il Piemonte ha ricevuto la Lombardia. Ma la mia Nizza passava alla Francia, colpa del presidente del Consiglio, Cavour.

Beppino: Ma nonno, la Lombardia non è tutta l'Italia.

Garibaldi: Sicuro. Dopo Solferino, l'Emilia e la Toscana in ribellione hanno deciso di fare parte del Regno di Piemonte.

Beppino: E il Sud, nonno?

Garibaldi: Eccoci al sodo. Commosso dalle preghiere di patrioti siciliani in esilio, ho deciso con mille compagni miei, di partire da Quarto il 5 Maggio 1860 per approdare in Sicilia e tentare di liberarla. Oh, Beppino, sentire tutti quegli uomini vestiti con una camicia rossa proprio identica alla mia, gridare insieme «Italia e Vittorio Emanuele!», saperli tutti pronti a morire, questi sono momenti indimenticabili!

Beppino: Sì, nonno, sì; ma ce l'avete fatta?

Garibaldi: Come no! Siamo sbarcati a Marsala e abbiamo facilmente potuto raggiungere Palermo e Messina e passare sul continente diretti a Napoli. Dappertutto arrivavano volontari a darci una mano. Perfino le regie truppe ci sono venute incontro attraversando gli Stati della Chiesa. Il 26 Ottobre, incontravo il re per consegnargli il Sud. Con un plebiscito, tutto il vecchio Regno delle Due Sicilie ma anche l'Umbria e le Marche hanno scelto di integrare il nuovo Regno.

Beppino: Allora l'Italia era fatta.

Garibaldi: No. Mancavano Venezia e Roma. Venezia ha raggiunto il Regno nel 1866 e a Roma i miei compagni sono entrati solo nel 1870 dalla Porta Pia. Allora l'Italia era quasi fatta.

Beppino: Ma sei un eroe, allora, nonno!

1 Ascoltare, completare, ricercare e rispondere

❶ Ascolta la prima parte registrata, poi la seconda parte del dialogo.

❷ Apri il tuo quaderno di esercizi a pagina 66 e completa.

❸ Garibaldi è nato a Nizza nel 1807 ed era piemontese. Oggi quando un bambino nasce a Nizza, è francese. Perché?

❹ Ricerca chi erano nel 1860:
- il re di Piemonte Sardegna,
- il presidente del Consiglio piemontese,
- l'imperatore austriaco,
- l'imperatore dei francesi.

ESERCIZI
P. 66

2 Osservare e interpretare

A1

ESERCIZI
P. 66

L'incontro di Teano, affresco, secolo XIX, Siena

❶ Chi sono i due protagonisti?
❷ Da che cosa li riconosci?

❸ Dove si sono incontrati?
❹ In quale occasione?

3 Osservare e interpretare

A1

Illustrazione del calendario del 1862

❶ Chi riconosci nell'immagine?
❷ Chi saranno le altre persone?
❸ Quale personaggio riconosci sulla destra?
Che cosa simboleggia?
❹ Perché il personaggio centrale viene portato così?
Come è considerato?

Les marqueurs temporels p. 160

• **nel** 1859
• **il** 5 maggio 1860

Ricordare

Gli scienziati nella storia

Archimede

Nato a Siracusa nel 287 a. C. circa e morto nel 212 a.C.
Celebre scienziato greco di Sicilia, è famoso per le sue scoperte in matematica (fu il primo a calcolare il π), in fisica (formulò il principio che porta il suo nome: «ogni corpo immerso in un fluido subisce una spinta verticale, diretta dal basso verso l'alto, pari al peso del fluido spostato») e in meccanica (leve e macchine da guerra).
Fu ucciso dai romani durante l'assalto alla sua città.

❶ Traduci il principio di Archimede.

Pitagora

Nacque a Samo nel 570 a.C. circa ma visse in Calabria, dove morì, nel 480 a.C.
Era filosofo e matematico (fondò la scuola pitagorica) e i suoi insegnamenti venivano trasmessi oralmente ai suoi soli discepoli.
I piccoli italiani imparano ancora oggi la tavola pitagorica: una tabella di cento caselle che contiene tutti i prodotti tra i primi dieci numeri.

❷ Come si chiama in francese la tavola pitagorica?

Galileo Galilei (1564-1642)

Scienziato, fisico e filosofo.
Famoso per avere utilizzato il metodo sperimentale nelle scienze; scoprì la legge che regolava le oscillazioni del pendolo; inventò il microscopio. Rimane famosa la frase che pronunciò dopo il processo che gli fece l'Inquisizione per avere aderito alla teoria copernicana dell'eliocentrismo : «Eppure si muove!» La sua condanna alla carcerazione fu trasformata in isolamento e continuò le sue ricerche elaborando le basi della meccanica moderna.
Fu riabilitato dalla Chiesa nel... 1992!

❸ Spiega con le tue parole la teoria dell'eliocentrismo.

Luigi Galvani (1737-1798) e Alessandro Volta (1745-1827)

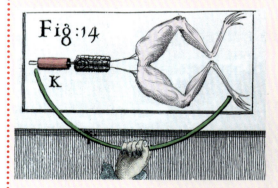

Galvani, toccando i muscoli di una rana scorticata con una macchina elettrostatica, elaborò la teoria dell'elettricità animale. Fu contraddetto da Volta che riprese i suoi esperimenti e realizzò la pila elettrica.

❹ In quali nomi comuni italiani e francesi si ritrovano i cognomi di questi due scienziati?

Guglielmo Marconi (1874 - 1937)

Già da giovane, sperimentò nella villa paterna l'uso delle onde elettromagnetiche per l'invio di segnali a distanza.
Nel 1901 riuscì a realizzare la prima comunicazione radio tra Europa e America.
Premio Nobel nel 1909, fondò la Marconi Wireless Telegraph Company e si dedicò allo studio delle onde corte.

❺ A quali oggetti di uso corrente è legato il nome di Marconi?

Enrico Fermi
(Roma 1901 - Chicago 1954)

Docente all'università di Roma, si trasferì negli Stati Uniti nel 1938, anno in cui gli fu attribuito il Premio Nobel per la fisica.
Nel 1942, mise a punto la prima pila atomica all'uranio.

Carlo Rubbia
(fisico, Gorizia 1934)

Docente all'università di Roma, collabora con il CERN e ha scoperto i bosoni intermedi W e Z (particelle responsabili dell'interazione debole). Gli fu attribuito il Nobel nel 1984.

❼ Che cos'è il CERN? In quale paese si trova?
❽ Fatti spiegare dal tuo professore di fisica in che cosa consiste la scoperta di Carlo Rubbia.

❻ A parer tuo, quali elementi storici spinsero Fermi a trasferirsi negli Stati Uniti?

Rita Levi-Montalcini
(Neurobiologista, Torino 1909)

Lavorò negli Stati Uniti dal 1947 al 1977. Ottenne il Nobel insieme a S. Cohen per i suoi studi sulla proteina che controlla la crescita dei neuroni.

❾ A che cosa servono le proteine?

2 Leggere e fare una sintesi

ESERCIZI
P. 67

Apri il quaderno di esercizi e rispondi alle domande.
❶ In quali campi hanno lavorato gli scienziati italiani?
❷ Quali invenzioni ti sembrano importanti? Perché?
❸ Quali altri grandi scienziati italiani conosci?

Les siècles, les dates

p. 160

- Nato a Siracusa nel **287 a. C.** circa e morto nel **212 a.C.**
- Galileo Galilei (**1564**-**1642**)
- Lavorò negli Stati Uniti dal **1947** al **1977**.

Ricordare

L'eredità del passato

1 Osservare, leggere e raccontare »

1 Le Mura di Adriano

2 Acquedotto in Spagna (Nerja)

3 Acquedotto in Francia (Gard)

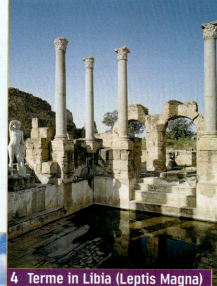

4 Terme in Libia (Leptis Magna)

5 Via romana in Giordania (Jerash)

● Osserva le fotografie, leggi le didascalie e racconta a che cosa servivano le vie romane, le mura di confine, le terme, gli acquedotti, i fori...

Gli architetti italiani oggi

2 Ricercare in Internet ⟫

A Il museo d'Orsay, Francia (Gae Aulenti)

B Il centro culturale J–M Tjibaou, Nuova Caledonia (Renzo Piano)

C Il centro Pompidou, Francia (Renzo Piano)

D L'Auditorium, Roma, Italia (Renzo Piano)

❶ Spiega la funzione di ogni opera.
❷ Chi sono Renzo Piano e Gae Aulenti?
❸ In quali paesi lavorano?

La scuola di Atene, Raffaello

Affresco di cm 772 di base realizzato tra il 1509 ed il 1511 dal pittore Raffaello Sanzio.
È conservato nella Stanza delle Segnature nei musei della Città del Vaticano.

di Atene

❶ Come si chiama il pittore che ha realizzato l'opera?
❷ In quale periodo storico e culturale ha lavorato?
❸ Di che tipo di opera si tratta? Dove l'ha dipinta?
❹ A quale epoca storica appartengono i personaggi
raffigurati? Giustifica la tua risposta.

2 **Leggere e reperire**

ESERCIZI
P. 67

Indica il numero della sagoma corrispondente.
❶ Platone, vestito con una toga rossa, è raffigurato
nel centro del quadro.
❷ Aristotele cammina al suo fianco con il libro
dell'Estetica in mano.
❸ Pitagora è seduto: tiene un libro sul quale sta scrivendo.
❹ Euclide è il personaggio in primo piano:
chino, sta disegnando un cerchio con un compasso
su una lavagnetta a terra.
❺ In primo piano a sinistra, Eraclito, pensieroso,
è seduto su uno scalino e scrive.
❻ Raffaello si è raffigurato in secondo piano,
in piedi a destra.

3 **Osservare e rispondere**

**Raffaello ha raffigurato certi personaggi con i tratti
di alcuni pittori del suo tempo:** Euclide con i tratti
di Bramante e Eraclito con quelli di Michelangelo.
● Hai riconosciuto a chi assomiglia molto il filosofo Platone?

Grammaire et exercices

1 Le récit : les marqueurs temporels

La date

Pour situer un événement à l'aide d'une date précise, on emploie l'article.

→ Leonardo è nato **il** 15 aprile 1452.

Pour situer un événement dans une période (mois ou année) on emploie l'article contracté **nel**.

→ Leonardo è nato **nel** mese di aprile, **nel** 1452, **nel** secolo XV...

Les siècles

On peut citer un siècle en italien de deux façons :

– comme en français, on le situe par rapport à une chronologie : *le XVᵉ siècle* → **il** secolo **XV** (quindicesimo)

– on considère la centaine : il Duecento, il Trecento, il Quattrocento... il Novecento

→ 1515: è successo nel secolo **XVI** (sedicesimo), nel **Cinquecento**

→ 1789: la rivoluzione francese è scoppiata nel secolo **XVIII** (diciottesimo), nel **Settecento**

→ 1900-1999: è il secolo **XX** (ventesimo), il **Novecento**

2 Le récit : les connecteurs

Les connecteurs temporels (rappel) :

dapprima *(d' abord)* • prima *(avant)* • poi *(puis)* • infine *(finalement)* • da quando *(depuis)*

Les connecteurs logiques (rappel) :

perfino *(même)* • poi *(puis)* • insomma *(bref)* • dunque *(donc)* • forse *(peut-être)* • visto che *(vu que)* • finché *(jusqu' à ce que)* • sicché *(si bien que)* • poiché *(puisque)* • siccome *(comme)* • perché *(parce que)* • perciò *(aussi)* • dapprima *(d' abord)* • infine *(finalement)*

3 Le récit : la structure

- Situer le temps, le lieu de l'action ; dire qui sont les personnages.

- Donner les informations indispensables à la compréhension.

- Diviser le récit en étapes et raconter l'action en suivant un fil logique.

- La conclusion du récit doit apporter les informations sur les changements opérés par rapport à la situation initiale.

4 Le récit : les temps

Cf. l'emploi de l'imparfait, du passé composé et du passé simple page 146 du manuel.

❶ Situe la naissance et la disparition de chaque personnage dans le siècle qui convient.
Leonardo (1452-1519) → È nato nel Quattrocento; è morto nel Cinquecento.

1 Giuseppe Verdi (1813-1901)
2 Michelangelo Buonarroti (1475-1564)
3 Giotto di Bondone (1266-1337)
4 Tommaso Campanella (1568-1639)
5 Niccolò Paganini (1782-1840)
6 Dante Alighieri (1265-1321)
7 Galileo Galilei (1564-1642)
8 Giovanni Maria Farina (1685-1766)

❷ Transcris les dates ci-dessous à l'aide d'une phrase.
Leonardo (data di nascita: 15-04-1452)
→ Leonardo nasce il 15 aprile 1452.

1 Italia (data dell'entrata in guerra: 10-06-1940)
2 Battaglia di Marignano (data della fine: 14-09-1515)
3 Il Parlamento Italiano (data della proclamazione del Regno d'Italia: 17-03-1861)
4 Cristoforo Colombo (data della scoperta del continente americano: 12-10-1492)
5 Giovanni Falcone (data dell'uccisione: 23-04-1992)
6 Garibaldi (data dello sbarco a Marsala: 11-05-1860)

❸ Reprends l'exercice 3 en ne tenant compte que du mois de chaque date.
Leonardo (data di nascita: 15-04-1452)
→ Leonardo nasce nell'aprile del 1452.

❹ Mets les phrases suivantes dans l'ordre du récit.

1 Un bel giorno imbarca per l'Asia con il padre e lo zio.
2 Per concludere: è liberato e muore a Venezia nel 1324.
3 Prima attraversano La Persia.
4 Dunque, ha scritto *Il Milione* in prigione.
5 Marco Polo nasce a Venezia nel 1254.
6 Poi giungono nell'Impero Mongolo.
7 Però, al suo ritorno è catturato dai genovesi.
8 Infine Marco Polo diventa ospite dell'imperatore Kubilay Khan.

❺ Complète les phrases ci-dessous à l'aide des connecteurs suivants :

> visto che ● siccome ● da quando ● prima/poi ● insomma ● finché

1 … ripasso le lezioni e … ti raggiungo fuori.
2 … siete partiti, non incontro più i nostri amici.
3 Non vuoi alzarti presto, non vuoi lavorare: … sei un bel fannullone!
4 … sei arrivato prima degli altri, aiutami a preparare la cena.
5 Rimarremo fuori … non avremo ritrovato le mie chiavi!
6 … non hai finito il tuo lavoro, io vado al cinema da sola.

❻ Retrouve les 4 ou 5 étapes essentielles de l'histoire des personnages suivants :

1 Cappuccetto Rosso è chiamata così perché veste sempre un mantello con un cappuccio rosso.
… Cappuccetto Rosso e la nonna escono dalla pancia del lupo e ringraziano il cacciatore.
2 Una regina vuole avere una bambina dalla pelle bianca come la neve, ma muore quando nasce.
… Il Principe Azzurro sveglia Biancaneve con un bacio e la sposa.

❼ Réécris les récits de l'exercice 6 en employant les temps du passé.

Il danaro fa tutto (1)

Questa fiaba è stata trascritta da Italo Calvino. È estratta da una raccolta in cui il romanziere ha riunito varie storie della tradizione popolare di tutt'Italia. Il danaro fa tutto si svolge in Liguria.

PRIMA PARTE

C'era una volta un Principe ricco come il mare. Gli venne voglia di farsi un palazzo, proprio in faccia a quello del Re, ma più bello ancora di quello del Re.
Finito il palazzo ci fece scrivere sulla facciata questa scritta: Il danaro fa tutto.
Il Re esce, vede quella scritta e legge. Fece subito chiamare il Principe,
5 che, essendo nuovo nella città, non era ancora stato alla Corte.
– Bravo, gli disse, ti sei fatto un palazzo che è una meraviglia. Al confronto, casa mia pare una capanna! Bravo. E di', sei tu che hai fatto scrivere che il danaro fa tutto?
Il Principe cominciò a capire che forse era stato troppo ambizioso.
– Signorsì, rispose, ma se a Vostra Maestà non piace, ci vuol poco a farla scrostare[1]...
10 – No, non pretendo tanto; volevo solo sentire da te cosa volevi dire con quell'iscrizione. Crederesti di potere, coi tuoi danari, farmi ammazzare?
Il principe capì che le cose si mettevano male per lui.
– oh, Maestà, mi perdoni... Faccio subito cancellare quella scritta! E se non le piace il palazzo, me lo dica e lo riduco tutto a calcinaccio[2].
15 – E ti dico io di no... lasciala stare. Però, visto che dici che coi danari si può tutto, dimostramelo. Ti do tre giorni di tempo per riuscire a parlare con mia figlia. Se riesci a parlarle, bene, te la sposi... Se non ci riesci, ti faccio tagliare la testa. Siamo d'accordo?
Il Principe restò in un'ambascia[3]; non mangiava più, non beveva, non dormiva; pensava solo, notte e giorno, al modo di portar salva la pelle. Il secondo giorno, certo ormai di non
20 venirne a capo, si decise a far testamento. Non c'era più speranza: la figlia del Re l'avevano chiusa in un castello, con cento guardie intorno. Il Principe, pallido e mogio[4] come uno straccio[5], s'era rassegnato a morire. Venne a trovarlo la sua balia[6] una vecchia bacucca[7] che lo aveva allattato quand'era bambino, e che lui teneva ancora a suo servizio. A vederlo così affilato, la vecchia gli domandò cosa avesse. Tira e molla[8], lui le raccontò la sua storia.
25 – Ebbene? Disse la balia. Ti vuoi dare per perso? Manco per ridere! Ci penso io!
Corse zoppicon zoppiconi[9] dal più grande orefice della città e gli comandò un'oca tutta d'argento che aprisse e chiudesse il becco, ma grande quanto un uomo, e vuota dentro.
– Per domani deve essere pronta.
– Per domani? Siete matta? esclamò l'orefice.
30 – Ho detto per domani! E la vecchia tirò fuori un sacchetto di monete d'oro. Pensateci: questa è la caparra[10];
e domani a consegna vi do il resto.
L'orefice era rimasto a bocca aperta.
– Allora è un'altra faccenda, disse. Si può provare.
35 E l'indomani, l'oca era pronta: una meraviglia.
La vecchia disse al principe:
– Prendi il tuo violino, e entra nell'oca.
E appena siamo in strada, mettiti a suonare.

1 scrostare: *enlever*
2 a calcinaccio: *en poussière*
3 un'ambascia: *une angoisse*
4 mogio: *penaud*
5 uno straccio: *un chiffon*
6 la balia: *la nourrice*
7 la bacucca: *la « gâteuse »*
8 tira e molla: *après bien des hésitations*
9 zoppicon zoppiconi: *clopin-clopant*
10 la caparra: *l'acompte*

1 Capire e rispondere

❶ **a.** Classifica i personaggi:
- nell'ordine
in cui appaiono;
- secondo l'importanza
che hanno nella storia.
b. Chi manca ancora?
Perchè?

❷ **a.** Si può datare
questa fiaba?
b. Si può determinare
la sua durata?

❸ **a.** Quale «sfida» propone
il Re al Principe?
b. Quale difficoltà
rende la partita
difficile da vincere?

❹ Che ruolo svolge la balia?

❺ Descrivi i due disegni.
A quali momenti della
storia corrispondono?

❻ Aiutendoti dei due disegni,
ricomponi la prima parte
di questa storia.

2 Imparare parole nuove

Ogni lingua ha i suoi modi di dire, in particolare nel campo delle immagini e dei simboli.
L'italiano si distingue per la sua fantasia e ricchezza.
- Apri il tuo quaderno di esercizi e ascolta il testo.

ESERCIZI
P. 71

Il danaro fa tutto (2)

SECONDA PARTE

Presero a andare per la città:
la vecchia si tirava dietro l'oca
d'argento con un nastro; il Principe
dentro suonava il violino. La gente
5 faceva ala a bocca aperta. Tutti
correvano a vederla. Corse la voce
fino al castello in cui era rinchiusa
la figlia del Re, e lei domandò
a suo padre il permesso di vedere
10 lo spettacolo. Il Re disse:
– Domani è scaduto il termine
per quel fanfarone del Principe,
e tu potrai uscire a vedere l'oca.
Ma la figlia aveva sentito dire che la vecchia con l'oca l'indomani avrebbe lasciato
15 la città, e il Re allora diede il permesso che l'oca fosse portata nel castello perché la figlia
potesse vederla. Era quel che aspettava la vecchia. Quando la principessa fu sola con l'oca
d'argento, mentre stava a sentire incantata quella musica che usciva dal suo becco, vide
tutt'a un tratto l'oca aprirsi, e saltarne fuori un uomo.
– Non abbiate paura, disse l'uomo. Sono il Principe che deve potervi parlare per non
20 essere decapitato da vostro padre domattina. Voi potrete dire d'avermi parlato e salvarmi.
L'indomani, il Re fece chiamare il Principe:
– Allora, t'è servito il tuo danaro per parlare a mia figlia?
– Sì, Maestà, rispose il Principe.
– Come? Vuoi dire che le hai parlato?
25 – Domandateglielo.
E la figlia, chiamata, disse come il Principe era nell'oca d'argento che il Re stesso le aveva
fatto portare nel castello.
Il Re allora si tolse dal capo la corona e la mise in testa al Principe:
– Vuol dire che non hai solo i danari ma anche il cervello fino!
30 Sta' contento, ché ti do mia figlia in sposa.

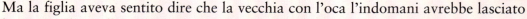

Italo Calvino, *Fiabe italiane*, 1956 (Mondadori, 1991).

1 Capire e rispondere

❶ Dove si trova il Principe all'inizio della scena?
Dove va? Quale stratagemma usa per entrare?
❷ Perché il Re accetta che l'oca sia portata al castello?
❸ Come fa il Principe a convincere la figlia del Re ad aiutarlo?

2 Analizzare una fiaba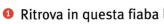

❶ Ritrova in questa fiaba le diverse tappe del racconto:
- la situazione di partenza
- la complicazione: quale elemento
  ostacola il protagonista?
- L'azione per risolvere il problema
- La risoluzione del problema
- La situazione finale

❷ Studia l'evoluzione dei sentimenti provati dal Principe
riordinando le parole proposte:
- l'ambizione
- l'angoscia
- la contentezza
- il coraggio
- la disperazione
- la gioia
- l'orgoglio
- la paura
- lo smarrimento
- la soddisfazione
- il sollievo

❸ In tutt'altre circostanze, un eroe greco
si nasconde in un cavallo:
ricordi questo famoso episodio
dell'Odissea? Raccontalo!

3 Scrivere

❶ «Il danaro fa tutto»: se, a tua volta, fossi ricco come il mare
come spenderesti il tuo denaro?

❷ La morale di questa fiaba è espressa dal Re alla fine.
  a. Per lui che cosa conta tanto quanto il denaro?
  b. Sei d'accordo? Spiega.

4 Imparare parole nuove

Numerose parole vengono dal participio passato di un verbo.
Per esempio, «la scritta» viene dal verbo «scrivere» il cui participio passato è «scritto».
Quali nomi derivano dai verbi seguenti?
- coprire
- dire
- permettere
- prendere
- promettere
- rispondere
- rompere
- scegliere
- scomparire
- scoprire
- spendere
- spingere
- uscire

La proposition de but : perché + subjonctif

- Il Re **diede** il permesso **perché** la figlia **potesse** vedere l'oca.

Osservare

Per andare avanti

BiancaBeppe (1)

1 Prima di leggere, raccontare

Silver, famoso fumettista romano, pubblicava le tavole delle avventure di Lupo Alberto nella rivista *Eureka*.
Nel 1978, disegnò una strana avventura del suo eroe.
Prima di leggere il fumetto, leggi le parole accanto e racconta ai tuoi compagni, in poche frasi, la storia di Biancaneve.

Per aiutarti

- *le chasseur* : il cacciatore
- *empoisonner* : avvelenare
- *la jalousie* : l'invidia
- *la marâtre* : la matrigna
- *le miroir* : lo specchio
- *se perdre* : smarrirsi
- *les sept nains* : i sette nani
- *la sorcière* : la strega

2 Leggere, reperire e rispondere

❶ Leggi la prima pagina del fumetto e ritrova gli elementi della fiaba.
Chi ha sostituito la matrigna? Biancaneve?
La storia si svolge in un castello?
Quale elemento è stato conservato tale e quale?
❷ Descrivi i personaggi principali.
Come si oppongono fisicamente?
❸ Che cosa invidia il cane custode a Biancabeppe (Lupo Alberto)?
❹ A quale episodio della fiaba corrisponde questa prima tavola?

Per aiutarti

vocabolario del fumetto
- La tavola è composta di strisce (la striscia).
- In ogni striscia ci sono più vignette.
- I dialoghi sono scritti in nuvolette.

vocabolario dello scenario
- la campagna: *la campagne*
- il bosco: *le bois*
- la capanna: *la cabane*
- la fattoria: *la ferme*

Le suffixe augmentatif –one

- ignobile grass**one**
- bel nas**one**

Osservare

1 Prima di leggere, ipotizzare

Nascondi la tavola del fumetto e rispondi.
❶ Chi chiama la matrigna dopo aver cacciato Biancaneve dal castello?
❷ Quale compito gli affida?

❸ Che cosa accade invece?
Dalle risposte a queste tre domande, deduci quello che dovrebbe accadere nella tavola.

2 Per capire meglio le parole nuove

● A quali definizioni corrispondono queste parole?

cascare • il cespuglio • il cestello • fare bisboccia • il malvagio • il sicario • la susina

❶ È il personaggio più cattivo del fumetto.
❷ Che deve eseguire la cattiva azione ordinata dal capo.
❸ Si può anche chiamare prugna.
❹ Si dice quando si festeggia in modo rumoroso.
❺ È un albero basso con molti rami sottili.
❻ È un'altra parola per indicare un paniere.
❼ Significa cadere ma è più familiare.

Per aiutarti

vocabolario dei personaggi
● l'anatra: *le canard*
● il cane custode: *le chien de garde*
● la gallina: *la poule*
● il lupo: *le loup*
● il maiale: *le cochon*
● la talpa: *la taupe*
● gli uccelli: *les oiseaux*

3 Leggere e rispondere

❶ A chi affida il compito di tagliare il naso di Alberto, il cane custode «malvagio»?
❷ Il cacciatore della fiaba rinunciava al suo compito mosso dalla pietà. Che cosa fa rinunciare i sicari di questa storia?
❸ Che cosa portano al cane custode al posto del naso?

❹ Chi ritrova Alberto nel bosco?
❺ Come si chiama la piccola talpa?
❻ Quali elementi della fiaba sono stati conservati?
❼ Quali elementi sono stati trasformati?
❽ A parer tuo, qual è l'effetto ricercato dal disegnatore?

Les pronoms adverbiaux ci et ne

● Di Susine per la mamma... **ne** ho colte un cestello!

Osservare

1 Prima di leggere, ipotizzare

Nascondi la tavola del fumetto e rispondi.
❶ Nella fiaba, che cosa fa la matrigna al ritorno del cacciatore?
❷ Che cosa le rivela lo specchio?
❸ Che cosa decide di fare la matrigna?
Dalle risposte a queste tre domande, deduci quello che dovrebbe accadere nella tavola.

2 Leggere e rispondere

❶ Leggi le parole accanto e spiega quello
che decide di fare i cane custode.
❷ In che cosa si è travestito per portare
la «mela bomba» a BiancaBeppe?
❸ Perché? Qual è l'effetto ricercato
dal disegnatore?

Per aiutarti

- la ballerina: *la danseuse*
- la bomba: *la bombe*
- bussare: *frapper*
  (à la porte)
- il fungo: *le champignon*
- la mela: *la pomme*
- la scheggia: *l'éclat*
- scoppiare: *éclater*
- sghignazzare: *ricaner*
- travestirsi da: *se déguiser en*

3 Capire come funziona la parodia

❶ Ritrova il senso simbolico degli elementi
della fiaba:
- il cuore di Biancaneve
- la mela avvelenata
❷ Ritrova gli elementi che sostituiscono
questi simboli nel fumetto.
Che senso assumono?

1 Leggere l'ultima pagina del fumetto

❶ a. Un nuovo personaggio entra in scena: chi è?
A quale personaggio della favola corrisponde?
b. Ti aspettavi questo personaggio? Perché?
❷ Descrivi fisicamente e psicologicamente questo personaggio.
Chi formula dei commenti su di lui?
❸ Quale personaggio propone la conclusione?
Quali elementi della pagina precedente annunciavano questo commento?

2 Linguaggi del fumetto

• In quali situazioni sono utilizzate le onomatopee e le interiezioni seguenti?
Cerca nel fumetto e collegale con il significato che esprimono.

Arf   Beh   Ciaf ciaf   Ehm   Gnazz   Spaf   Teng   Top top   Yuk   Zzzzz

1. Quando non si sa che cosa dire.
2. Esprime il desiderio.
3. Esprime l'allegria.
4. Quando si è imbarazzati.
5. Quando si dà uno schiaffo a qualcuno.
6. Indica un colpo, quando ci si fa male.
7. È il rumore di un pennello, quando si dipinge.
8. Quando si bussa alla porta di qualcuno.
9. Il rumore di un bastone quando si colpisce.
10. Si usa per chi dorme.

3 Capire come funziona la parodia

❶ La struttura della parodia:
a. Ritrova lo schema del racconto e paragonalo a quello di Biancaneve.
Quali fasi del racconto mancano?
b. Quali episodi ha scelto di disegnare Silver? Perché?
c. Com'è riuscito a rendere comici gli elementi più tristi della storia?
❷ La retorica della parodia:
a. Ritrova le battute che hanno delle rime. Cosa vogliono esprimere o sottolineare?
b. Ci sono delle parole o espressioni di livello popolare? Quando appaiono? Perché?
c. Rileggi l'ultima battuta di Enrico Settenani. Come si chiama questo tipo di discorso?
A che cosa serve di solito?

Les verbes modèles des trois conjugaisons

Les verbes italiens sont regroupés selon trois conjugaisons régulières :
- *1re conjugaison = les verbes en* -are *(modèle :* **parlare***)*
- *2e conjugaison = les verbes en* -ere *(modèle :* **vendere***)*
- *3e conjugaison = les verbes en* -ire *(modèles :* **partire** *et* **finire***)*

	1re CONJUGAISON **PARLARE** *parler*	2e CONJUGAISON **VENDERE** *vendre*	3e CONJUGAISON **PARTIRE** *partir*
	INDICATIF		
	Présent		
io	parl-**o**	vend-**o**	part-**o**
tu	parl-**i**	vend-**i**	part-**i**
lui / lei	parl-**a**	vend-**e**	part-**e**
noi	parl-**iamo**	vend-**iamo**	part-**iamo**
voi	parl-**ate**	vend-**ete**	part-**ite**
loro	parl-**ano**	vend-**ono**	part-**ono**
	Imparfait		
io	parl-**avo**	vend-**evo**	part-**ivo**
tu	parl-**avi**	vend-**evi**	part-**ivi**
lui / lei	parl-**ava**	vend-**eva**	part-**iva**
noi	parl-**avamo**	vend-**evamo**	part-**ivamo**
voi	parl-**avate**	vend-**evate**	part-**ivate**
loro	parl-**avano**	vend-**evano**	part-**ivano**
	Futur		
io	parler-**ò**	vender-**ò**	partir-**ò**
tu	parler-**ai**	vender-**ai**	partir-**ai**
lui / lei	parler-**à**	vender-**à**	partir-**à**
noi	parler-**emo**	vender-**emo**	partir-**emo**
voi	parler-**ete**	vender-**ete**	partir-**ete**
loro	parler-**anno**	vender-**anno**	partir-**anno**
	Passé composé		
io	ho parlato	ho venduto	sono partito/a
tu	hai parlato	hai venduto	sei partito/a
lui / lei	ha parlato	ha venduto	è partito/a
noi	abbiamo parlato	abbiamo venduto	siamo partiti/e
voi	avete parlato	avete venduto	siete partiti/e
loro	hanno parlato	hanno venduto	sono partiti/e
	Passé simple		
io	parl-**ai**	vend-**etti** / -**ei**	part- **ii**
tu	parl-**asti**	vend-**esti**	part-**isti**
lui / lei	parl-**ò**	vend-**ette** / -**é**	part-**ì**
noi	parl-**ammo**	vend-**emmo**	part-**immo**
voi	parl-**aste**	vend-**este**	part-**iste**
loro	parl-**arono**	vend-**ettero** / -**erono**	part-**irono**
	CONDITIONNEL *présent*		
io	parl**er**-**ei**	vender-**ei**	partir-**ei**
tu	parl**er**-**esti**	vender-**esti**	partir-**esti**
lui / lei	parl**er**-**ebbe**	vender-**ebbe**	partir-**ebbe**
noi	parl**er**-**emmo**	vender-**emmo**	partir-**emmo**
voi	parl**er**-**este**	vender-**este**	partir-**este**
loro	parl**er**-**ebbero**	vender-**ebbero**	partir-**ebbero**
	SUBJONCTIF *présent*		
io	parl-**i**	vend-**a**	part-**a**
tu	parl-**i**	vend-**a**	part-**a**
lui / lei	parl-**i**	vend-**a**	part-**a**
noi	parl-**iamo**	vend-**iamo**	part-**iamo**
voi	parl-**iate**	vend-**iate**	part-**iate**
essi / esse / loro	parl-**ino**	vend-**ano**	part-**ano**
	IMPÉRATIF		
tu	parl-**a**	vend-**i**	part-**i**
Lei	parl-**i**	vend-**a**	part-**a**
noi	parl-**iamo**	vend-**iamo**	part-**iamo**
voi	parl-**ate**	vend-**ete**	part-**ite**
	GÉRONDIF		
	parlare → parl-**ando**	vendere → vend-**endo**	partire → part-**endo**
	PARTICIPE PASSÉ		
	parl-**ato**	vend-**uto**	part-**ito**

La 3ᵉ conjugaison comporte un deuxième verbe modèle : finire*, particulier à trois reprises.*

	Indicatif présent	*Subjonctif présent*	*Impératif*
io	fin**isc**-**o**	fin**isc**-**a**	
tu	fin**isc**-**i**	fin**isc**-**a**	fin**isc**-**i**
lui / lei	fin**isc**-**e**	fin**isc**-**a**	fin**isc**-**a**
noi	fin-**iamo**	fin-**iamo**	fin-**iamo**
voi	fin-**ite**	fin-**iate**	fin-**ite**
loro	fin**isc**-**ono**	fin**isc**-**ano**	

Les auxiliaires

ESSERE *être*
INDICATIF

	présent	*imparfait*	*futur*	*passé-composé*	*passé simple*
io	sono	ero	sarò	sono stato/a	fui
tu	sei	eri	sarai	sei stato/a	fosti
lui / lei	è	era	sarà	è stato/a	fu
noi	siamo	eravamo	saremo	siamo stati/e	fummo
voi	siete	eravate	sarete	siete stati/e	foste
loro	sono	erano	saranno	sono stati/e	furono

	CONDITIONNEL présent	*IMPÉRATIF affirmatif*	*IMPÉRATIF négatif*	*SUBJONCTIF présent*
io	sarei			sia
tu	saresti	sii	non essere	sia
lui / lei	sarebbe	sia	non sia	sia
noi	saremmo	siamo	non siamo	siamo
voi	sareste	siate	non siate	siate
loro	sarebbero			siano

	INFINITIF présent	*GÉRONDIF présent*	*PARTICIPE passé*
	essere	essendo	stato/a, stati/e

AVERE *avoir*
INDICATIF

	présent	*imparfait*	*futur*	*passé-composé*	*passé simple*
io	ho	avevo	avrò	ho avuto	ebbi
tu	hai	avevi	avrai	hai avuto	avesti
lui / lei	ha	aveva	avrà	ha avuto	ebbe
noi	abbiamo	avevamo	avremo	abbiamo avuto	avemmo
voi	avete	avevate	avrete	avete avuto	aveste
loro	hanno	avevano	avranno	hanno avuto	ebbero

	CONDITIONNEL présent	*IMPÉRATIF affirmatif*	*IMPÉRATIF négatif*	*SUBJONCTIF présent*
io	avrei			abbia
tu	avresti	abbi	non avere	abbia
lui / lei	avrebbe	abbia	non abbia	abbia
noi	avremmo	abbiamo	non abbiamo	abbiamo
voi	avreste	abbiate	non abbiate	abbiate
loro	avrebbero			abbiano

	INFINITIF présent	*GÉRONDIF présent*	*PARTICIPE passé*
	avere	avendo	avuto

Quelques verbes irréguliers

andare *(aller)* *aux.* : essere	*indicatif présent* *futur* *conditionnel présent* *subjonctif présent* *impératif*	vado, vai, va, andiamo, andate, vanno andrò, andrai... andrei, andresti... vada, vada, vada, andiamo, andiate, vadano va', vada, andiamo, andate
bere *(boire)* [*a.i. :* bevere] *aux.* : avere	*indicatif présent* *imparfait* *futur* *passé simple* *conditionnel présent* *p. passé / gérondif*	bevo, bevi, beve, beviamo, bevete, bevono bevevo, bevevi... berrò, berrai, berrà, berremo, berrete, berranno bevvi, bevesti, bevve, bevemmo, beveste, bevvero berrei, berresti, berrebbe, berremmo... bevuto / bevendo
cogliere *(cueillir)* *aux.* : avere	*indicatif présent* *passé simple* *subjonctif présent* *participe passé*	colgo, cogli, coglie, cogliamo, cogliete, colgono colsi, cogliesti, colse, cogliemmo, coglieste, colsero colga, colga, colga, cogliamo, cogliate, colgano colto
dare *(donner)* *aux.* : avere	*indicatif présent* *passé simple* *subjonctif présent* *impératif*	do, dai, dà, diamo, date, danno diedi (detti), desti, diede (dette), demmo, deste, diedero (dettero) dia, dia, dia, diamo, diate, diano da', dia, diamo, date
dire *(dire)* [*a.i. :* dicere] *aux.* : avere	*indicatif présent* *imparfait* *passé simple* *impératif* *p. passé / gérondif*	dico, dici, dice, diciamo, dite, dicono dicevo, dicevi, diceva... dissi, dicesti, disse, dicemmo, diceste, dissero di', dica, diciamo, dite detto / dicendo
dovere *(devoir)* *aux.* : avere	*indicatif présent* *futur* *conditionnel présent* *subjonctif présent*	devo, devi, deve, dobbiamo, dovete, devono dovrò, dovrai, dovrà, dovremo, dovrete, dovranno dovrei, dovresti, dovrebbe, dovremmo... debba, debba, debba, dobbiamo, dobbiate, debbano
fare *(faire)* [*ancien infinitif :* facere] *aux.* : avere	*indicatif présent* *imparfait* *passé simple* *impératif* *p. passé / gérondif*	faccio, fai, fa, facciamo, fate, fanno facevo, facevi, faceva, facevamo, facevate, facevano feci, facesti, fece, facemmo, faceste, fecero fa', faccia, facciamo, fate fatto / facendo
mettere *(mettre)* *aux.* : avere	*passé simple* *participe passé*	misi, mettesti, mise, mettemmo, metteste, misero messo
morire *(mourir)* *aux.* : essere	*indicatif présent* *subjonctif présent* *impératif* *participe passé*	muoio, muori, muore, moriamo, morite, muoiono muoia, muoia, muoia, moriamo, moriate, muoiano muori, muoia, moriamo, morite morto
parere *(paraître)* *aux.* : essere	*indicatif présent* *futur* *passé simple* *conditionnel présent* *subjonctif présent* *participe passé*	paio, pari, pare, paiamo, parete, paiono parrò, parrai, parrà... parvi, paresti, parve, paremmo, pareste, parvero parrei, parresti, parrebbe... paia, paia, paia, paiamo, paiate, paiano parso
porre *(poser)* [*a.i. :* ponere] *aux.* : avere	*indicatif présent* *imparfait* *passé simple* *subjonctif présent* *impératif* *p. passé / gérondif*	pongo, poni, pone, poniamo, ponete, pongono ponevo, ponevi, poneva... posi, ponesti, pose, ponemmo, poneste, posero ponga, ponga, ponga, poniamo, poniate, pongano poni, ponga, poniamo, ponete posto / ponendo
potere *(pouvoir)* *aux.* : avere	*indicatif présent* *futur* *conditionnel présent* *subjonctif présent*	posso, puoi, può, possiamo, potete, possono potrò, potrai, potrà... potrei, potresti, potrebbe... possa, possa, possa, possiamo, possiate, possano

rimanere *(rester)* *aux. :* essere	*indicatif présent* *futur* *passé simple* *conditionnel présent* *subjonctif présent* *impératif* *participe passé*	rimango, rimani, rimane, rimaniamo, rimanete, rimangono rimarrò, rimarrai, rimarrà, rimarremo... rimasi, rimanesti, rimase, rimanemmo, rimaneste, rimasero rimarrei, rimarresti, rimarrebbe, rimarremmo... rimanga, rimanga, rimanga, rimaniamo, rimaniate, rimangano rimani, rimanga, rimaniamo, rimanete rimasto
salire *(monter)* *aux. :* essere *ou* avere *(+ c.o.d.)*	*indicatif présent* *subjonctif présent* *impératif*	salgo, sali, sale, saliamo, salite, salgono salga, salga, salga, saliamo, saliate, salgano sali, salga, saliamo, salite
sapere *(savoir)* *aux. :* avere	*indicatif présent* *futur* *passé simple* *conditionnel présent* *subjonctif présent* *impératif*	so, sai, sa, sappiamo, sapete, sanno saprò, saprai, saprà, sapremo... seppi, sapesti, seppe, sapemmo, sapeste, seppero saprei, sapresti, saprebbe, sapremmo... sappia, sappia, sappia, sappiamo, sappiate, sappiano sappi, sappia, sappiamo, sappiate
scegliere *(choisir)* *aux. :* avere	*indicatif présent* *passé simple* *subjonctif présent* *impératif* *participe passé*	scelgo, scegli, sceglie, scegliamo, scegliete, scelgono scelsi, scegliesti, scelse, scegliemmo, sceglieste, scelsero scelga, scelga, scelga, scegliamo, scegliate, scelgano scegli, scelga, scegliamo, scegliete scelto
stare *(être, demeurer)* *aux. :* essere	*indicatif présent* *passé simple* *subjonctif présent* *impératif*	sto, stai, sta, stiamo, state, stanno stetti, stesti, stette, stemmo, steste, stettero stia, stia, stia, stiamo, stiate, stiano sta', stia, stiamo, state
tenere *(tenir)* *aux. :* avere	*indicatif présent* *futur* *passé simple* *conditionnel* *subjonctif présent* *impératif*	tengo, tieni, tiene, teniamo, tenete, tengono terrò, terrai, terrà, terremo... tenni, tenesti, tenne, tenemmo, teneste, tennero terrei, terresti, terrebbe, terremmo... tenga, tenga, tenga, teniamo, teniate, tengano tieni, tenga, teniamo, tenete
trarre *(tirer)* *[a.i. :* traere] *aux. :* avere	*indicatif présent* *passé simple* *subjonctif présent* *impératif* *p. passé / gérondif*	traggo, trai, trae, traiamo, traete, traggono trassi, traesti, trasse, traemmo, traeste, trassero tragga, tragga, tragga, traiamo, traiate, traggano trai, tragga, traiamo, traete tratto / traendo
valere *(valoir)* *aux. :* essere	*indicatif présent* *futur* *passé simple* *conditionnel présent* *subjonctif présent* *impératif* *participe passé*	valgo, vali, vale, valiamo, valete, valgono varrò, varrai, varrà, varremo... valsi, valesti, valse, valemmo, valeste, valsero varrei, varresti, varrebbe, varremmo... valga, valga, valga, valiamo, valiate, valgano vali, valga, valiamo, valete valso
vivere *(vivre)* *aux. :* essere *ou* avere *(+ c.o.d.)*	*futur* *passé simple* *conditionnel* *participe passé*	vivrò, vivrai, vivrà, vivremo... vissi, vivesti, visse, vivemmo, viveste, vissero vivrei, vivresti, vivrebbe, vivremmo... vissuto
volere *(vouloir)* *aux. :* avere	*indicatif présent* *passé simple* *subjonctif présent* *impératif*	voglio, vuoi, vuole, vogliamo, volete, vogliono volli, volesti, volle, volemmo... voglia, voglia, voglia, vogliamo, vogliate, vogliamo vuoi, voglia, vogliamo, volete

Fonologia

1 Una lista da consultare ⟩⟩

In italiano le vocali non presentano difficoltà per un francese;
le consonanti, invece, presentano alcune particolarità che bisogna
ricordare all'orale e allo scritto.
Ecco le più importanti:

C [k]
c + a → il **ca**meriere
c + o → il **co**ccodrillo
c + u → si**cu**ro

c + h + e → la bian**che**ria
c + h + i → l'ar**chi**tetto

C [tʃ]
c + e → l'a**ce**to, l'uc**ce**llo
c + i → il pul**ci**no

c + i + a → la cami**cia**
c + i + o → il ba**cio**
c + i + u → il cau**cciù**

G [g]
g + a → il **ga**tto
g + o → il chirur**go**
g + u → il **gua**io

g + h + e → la pa**ghe**tta
g + h + i → il dro**ghie**re

G [dʒ]
g + e → **ge**neroso
g + i → il **gi**ro

g + i + a → la spia**ggia**
g + i + o → il ra**gio**niere
g + i + u → il **giu**dice

SC [sk]
sc + a → le **sca**rpe
sc + o → lo **sco**iattolo
sc + u → la **scu**sa

sc + h + e → la **sche**dina
sc + h + i → ma**schi**le

SC [ʃ]
sc + e → il pe**sce**
sc + i → la **sci**mmia

sc + i + a → la**scia**re
sc + i + o → il pe**scio**lino
sc + i + u → l'a**sciu**gamano

F [f]	**GLI [ʎʎ]**	**GN [ɲ]**	**Z [ts]**
il **f**ornaio	l'a**gli**o	il fale**gn**ame	l'ambulan**z**a
bu**ff**o	la fami**gli**a	il ca**gn**olino	pa**zz**o
il del**f**ino	il coni**gli**o	il ra**gn**o	la **z**eta

2 Doppie consonanti ⟩⟩

... Sì, ma dove?
Un'altra difficoltà dell'italiano sono le doppie consonanti.
Le regole non sono fisse, anzi sono imprecise, ma si può imparare
qualche principio paragonando il francese e l'italiano.

...co alcuni esempi di doppie consonanti in italiano:

B
a**bb**igliamento
a**bb**ronzato
o**bb**ligo
ne**bb**ione
sa**bb**ia

C
a**cc**identi
bi**cch**iere
bo**cc**a
cu**cc**iolo
gia**cc**one

D
a**dd**io
a**dd**ormentato
raffre**dd**ore

F
a**ff**etto
ba**ff**i
bu**ff**o
cu**ff**ia
sto**ff**a

G
campe**gg**io
cora**gg**io

le**gg**ere
la**gg**iù
ma**gg**io

L
a**ll**egro
asine**ll**o
cava**ll**o
ga**ll**ina
ucce**ll**ino

M
fia**mm**ifero
inso**mm**a
sci**mm**ia

N
ge**nn**aio
go**nn**a
i**nn**amorato
to**nn**o

P
a**pp**ena
ca**pp**ello
o**pp**osto
su**pp**lente

R
a**rr**ivo
co**rr**ente
fe**rr**o
so**rr**iso

S
ade**ss**o
ca**ss**iera
ne**ss**uno
ro**ss**o

T
coni**gl**ietto
ele**tt**rico
ga**tt**o
no**tt**e

V
a**vv**ocatessa
su**vv**ìa

Z
a**zz**urro
raga**zz**o
ricche**zz**a
ta**zz**ina

francese	italiano
adm → **admirer**	amm → **ammirare**
bs → observer	ss → osservare
ct → actuel	tt → attuale
pt → optimisme	tt → ottimismo
x → maximum	ss → massimo
x → exemple	s → esempio

3 Una sola consonante

... Ma quando?
Invece, attento alle consonanti semplici dove non si aspettano:

comune • comodo • suonare • personaggio • consonante

4 Altre trasformazioni dal francese all'italiano

Si può notare, confrontando
il francese e l'italiano,
che molto spesso si verifica che:

Il fatto di conoscere queste regole di ortografia ti permetterà di constatare che tra il francese e l'italiano, ci sono molte parole trasparenti.

francese	italiano
ph → **ph**armacie	f → **f**armacia
-que → républi**que**	-ca → repubbli**ca**
re- → **re**prendre	ri- → **ri**prendere
trans- → **trans**porter	tras- → **tras**portare

Lo sapevi?
La parola ciao, che tutti conoscono bene, viene dal latino «slavus» che significava schiavo.
slavo → schiavo → ciao

Lexique italien–français

abbronzarsi, *bronzer*
abbronzato (-a), *bronzé*
abbigliamento (l'), *vêtements*
abbracciare, *serrer dans ses bras*
abituarsi, *s'habituer*
accanto a, *à côté de*
accoccolarsi, *se blottir*
accidenti! *sapristi !*
accogliente (-e), *accueillant*
accomodarsi, *s'installer*
acconciato (-a), *arrangé, coiffé*
accorgersi, *se rendre compte*
accrescere, *agrandir*
accumulo (l'), *accumulation*
accurato (-a), *soigné, soigneux*
aceto (l'), *vinaigre*
acqua sorgiva (l'), *eau de source*
acquedotto (l'), *aqueduc*
acquisto (l'), *acquisition*
adagiare, *étendre*
adattamento (l'), *adaptation*
adattarsi, *s'adapter*
addirittura, *même, carrément*
addominale (-e), *abdominal*
aderire, *adhérer*
adesso, *maintenant*
affabile, *affable*
affannoso (-a), *haletant*
afferrare, *saisir*
affetto (l'), *affection*
affidare, *confier*
affilato (-a), *maigre*
affondare, *couler*
affresco (l') (plur -chi), *fresque*
affrettarsi, *se dépêcher*
aiuto (l'), *aide*
agevolare, *faciliter*
aggirarsi, *roder, traîner*
aggiunto (-a), *ajouté*
aggiustare, *réparer*
(tra gli) agi, *(dans l')aisance*
aglio (l'), *ail*
agosto, *août*
agrumi (gli), *agrumes*
albergo (l') (plur. -ghi), *hôtel*
albero maestro (l'), *grand mât*

albume (d'uovo) (l'),
　blanc (d'œuf)
allagare, *inonder*
allegare, *joindre*
allegrìa (l'), *joie*
allegro (-a), *joyeux*
allevamento (l'), *élevage*
alloggio (l'), *logement*
almeno, *au moins*
alpino (l'), *chasseur alpin*
altrettanto, *autant de, tout aussi*
altroieri (l'), *avant-hier*
alunno (l') (-a), *élève*
ambientarsi, *s'adapter*
ambiente (l'), *milieu,*
　environnement
amicizia (l'), *amitié*
ammazzare, *tuer*
ampio (-a), *large, vaste*
anatra (l'), *canard*
anche, *aussi*
ancorché, *même si*
andare liscio, *bien se passer*
andare pazzo per, *être fou de*
andare su tutte le furie, *monter*
　sur ses grands chevaux
angoscia (l'), *angoisse*
angosciato (-a), *angoissé*
animo! *courage !*
annegare, *noyer*
annoiarsi, *s'ennuyer*
annuncio (l'), *annonce*
in anticipo, *à l'avance*
anziano (-a) (l'), *personne âgée*
anziché, *au lieu de*
appassionato (-a), *passionné*
apparecchio (l'), *appareil*
appena, *à peine*
appendere, *accrocher*
appuntamento (l'), *rendez-vous*
(prendere) appunto, *(prendre) note*
apprensione (l'), *appréhension*
apprezzare, *apprécier*
apprezzato (-a), *apprécié*
aprile, *avril*
architetto (l'), *architecte*

architettonico (-a, plur. -ci, -che),
　architectural
arcipelago (l') (plur. -ghi), *archipel*
area pedonale (l'), *zone piétonne*
arrabbiarsi, *se fâcher*
arrampicarsi su, *grimper sur*
arrampicata (l'), *varappe*
arrivo (l'), *arrivée*
ascolto (l'), *écoute*
arteriosclerosi (l'), *artériosclérose*
arcinoto (-a), *archi-connu*
artigianale, *artisanal*
artigianato (l'), *artisanat*
argomento (l'), *sujet, thème*
asciugare, *sécher*
asinello (l'), *ânon*
asino (l'), *âne*
asma (l') *asthme*
aspettare, *attendre*
aspirapolvere (l'), *aspirateur*
assegnare, *attribuer*
assaggiare, *goûter*
assalto (l'), *assaut*
assenza (l'), *absence*
assistente di volo (l'), *steward,*
　hôtesse
assomigliare, *ressembler*
asta (l'), *vente aux enchères*
astuto (-a), *astucieux*
atteggiamento (l'), *attitude*
attentamente, *attentivement*
attimo (l'), *instant*
aula (l'), *salle de classe*
autostrada (l'), *autoroute*
autostradale, *autoroutier*
austriaco (-a, plur. -ci, -che),
　autrichien
avere il fiatone, *être essoufflé*
avere l'acquolina in bocca, *avoir*
　l'eau à la bouche
avvelenare, *empoisonner*
avviare, *mettre en route*
avvicinarsi, *s'approcher*
avvisare, *prévenir*
avvocato (-essa), *avocat*
azzurrino, *bleu clair*

babbo (il), *papa*
bacione (il), *gros baiser*
bacino (il), *bassin (géo.)*
baffi (i), *moustache*
badare a, *s'occuper de*
bagno (il), *salle de bain*
balestra (la), *arbalète*
balletto (il), *ballet*
ballerina (la), *danseuse*
bambola (la), *poupée*
bancarella (la), *étal*
banco (il) (plur. -chi), *comptoir, banc d'école*
bandito (-a), *organisé*
barella (la), *brancard*
barista (il), *barman*
bastare, *suffire*
basto (il), *bât*
bastoncino (il), *bâton, canne*
battuta (la), *réplique*
beato te! *veinard !*
beffarsi, *se moquer*
Bella Addormentata (la), *Belle au Bois Dormant*
bellezza (la), *beauté*
bellino (-a), *mignon*
benevolenza (la), *bienveillance*
per benino, *avec soin*
benzina (la), *essence*
bestiolina (la), *petit animal*
Biancaneve, *Blanche-Neige*
biancherìa (la), *lingerie*
bicchiere (il), *verre*
bigliettino (il), *petit billet*
biglietto di scusa (il), *mot d'excuse*
birichino (-a), *espiègle*
bisbigliare, *chuchoter*
bisticciare, *se disputer*
bizantino (-a), *byzantin*
borgo (il) (plur. -ghi), *bourg*
bosco (il) (plur. -chi), *bois, forêt*
bottega (la), *atelier*
bracciale (il), *brassard*
bracciata (la), *brassée*
bravo (-a), *bon*
bronchite (la), *bronchite*
brontolare, *râler*
bruciarsi, *se brûler*
brufolo (il), *bouton*
brutto (-a), *vilain*
buco (il) (plur. -chi), *trou*
buffo (-a), *drôle*
bussare, *frapper (à la porte)*
busta paga (la), *paie*
buttare, *jeter*

caccia (la) (plur. -cce), *chasse*
cacciatore (il), *chasseur*
cadere, *tomber*
cagnolino (il), *chiot*
calar (della notte) (il), *tombée (de la nuit)*
calcio (il), *football*
calza (la), *bas*
calzino (il), *soquette*
cancellare, *effacer*
cane (il), *chien*
    cane custode (il), *chien de garde*
cambiamento (il), *changement*
cambiare, *changer*
cameriere (il), *serveur*
camicia (la), *chemise*
campeggio (il), *camping*
campione (il), *échantillon*
campo (il), *domaine*
campo semantico (il) (plur. -ci), *champ lexical*
canottaggio (il), *canotage*
canto (il), *chant*
cantilena (la), *rengaine*
canzonare, *se moquer*
capanna (la), *cabane*
capitare, *arriver*
capo (il), *bout, tête*
    in capo al mondo, *au bout du monde*
capogiro (il), *vertige*
capoluogo (il) (plur. -ghi), *chef-lieu*
cappello (il), *chapeau*
capra (la), *chèvre*
carcerazione (la), *incarcération*
cardo (il), *chardon*
caro (-a), *cher*
carne (la), *viande*
carrozzella (la), *voiture d'infirme*
carta da regalo (la), *papier cadeau*
cartaginese (-e), *cartaginois*
cartello (il), *pancarte*
cartina (la), *carte*
cartolina (la), *carte postale*
cartone animato (il), *dessin animé*
casato (il), *famille*
(per) caso, *(par) hasard*
cassa (la), *caisse*
casella (la), *case*
cassiera (la), *caissière*
catena (la), *chaîne*
cavallaresco (-a, plur. -chi, -che), *chevaleresque*
cavallino (il), *poulain*
cavallo (il), *cheval*
cavarsela, *s'en sortir*

cavezza (la), *licol*
cellulare (il), *téléphone portable*
cena (la), *dîner*
cenere (la), *cendre*
Cenerentola, *Cendrillon*
cera (la), *cire*
cerchio (il), *cercle*
cestello (il), *panier*
cesto (il) / cesta (la), *panier*
chiaroscuro (il), *clair-obscur*
chiave (la), *clef*
chiedere, *demander*
chiesuola (la), *chapelle*
chiodo di garofano (il), *clou de girofle*
chirurgo (il) (plur. -ghi), *chirurgien*
ciascuno (-a), *chacun*
cibo (il), *nourriture*
cicerone (il), *guide*
ciclomotore (il), *cyclomoteur*
ciotola (la), *gamelle*
cintura (la), *ceinture*
circa, *environ*
circondato (-a), *entouré*
civettuolo (-a), *coquet*
civiltà (la), *civilisation*
coccodrillo (il), *crocodile*
coda (la), *queue*
codice (il), *code*
collasso da calore (il), *coup de chaleur*
collegarsi, *se connecter*
coltivare, *cultiver*
colto (-a), *cultivé*
comare (la), *commère*
combattimento (il), *combat*
combinare, *combiner*
commosso (-a), *ému*
commuoversi, *s'émouvoir*
compare (il), *compère*
compatimento (il), *compassion*
compire, *finir, accomplir*
compito (il), *devoir*
comporre, *composer*
compositore (il), *compositeur*
compressa (la), *comprimé*
comprare, *acheter*
computer (il), *ordinateur*
comunque, *de toutes façons*
condotto (-a), *conduit*
condividere, *partager*
conducente (il), *conducteur*
confezione (la), *paquet*
confinare, *être frontalier avec*
confine (il), *frontière*
confidarsi, *se confier*

Lexique italien–français

confort**e**vole, *confortable*
congi**u**ngere, *relier*
conigli**e**tto (il), *lapereau*
con**i**glio (il), *lapin*
conosc**e**nza (la), *connaissance*
consegn**a**re, *remettre*
a cons**e**gna, *à la livraison*
cons**i**glio (il), *conseil*
cons**o**lle (la), *console*
contad**i**no (il), *paysan*
cont**a**gio(il), *contagion*
contrizi**o**ne (la), *contrition*
conv**i**vere, *vivre avec*
cop**e**rta (la), *couverture*
cor**a**llo (il), *corail*
cor**a**zza (la), *cuirasse*
farsi cor**a**ggio, *se donner du courage*
cor**o**na (la), *couronne*
corr**e**ggere, *corriger*
corr**e**nte (la), *courant*
corrett**e**zza (la), *correction*
di c**o**rsa, *en vitesse*
c**o**rte (la), *cour (du roi)*
cort**i**le (il), *cour*
per cort**e**sia, *s'il te / vous plaît*
c**o**scia (la), *cuisse*
così… come, *comme*
cosidd**e**tto (-a), *soi-disant*
cr**e**scere, *grandir*
cr**e**scita (la), *croissance*
cric**e**to (il), *hamster*
cr**o**nico (-a, plur. -ci, -che), *chronique*
crusc**o**tto (il), *tableau de bord*
c**u**ffia (la), *casque (pour écouter la musique)*
cub**e**tto (il), *cube*
c**u**cciolo (il), *petit (d'un animal)*
cucchi**a**ino (il), *cuiller à café*
cu**o**re (il), *cœur*
c**u**po (-a), *sombre*
c**u**ra (la), *soin*
curi**o**so (-a), *curieux*
cusc**i**no (il), *coussin*

da qu**a**ndo, *depuis*
dan**a**ro (il), *argent*
dappert**u**tto, *partout*
dare una m**a**no, *aider*
d**a**to (il), *donnée*
davv**e**ro, *vraiment*

in decl**i**no, *en déclin*
deiezi**o**ne (la), *déjection*
delf**i**no (il), *dauphin*
detest**a**re, *détester*
di**a**rio (il), *cahier de textes*
dichiar**a**re, *déclarer*
dilig**e**nte (-e), *appliqué, soigneux*
dimentic**a**re, *oublier*
dimezz**a**re, *diviser en deux*
dip**i**ngere, *peindre*
diplom**a**to (-a), *diplômé*
disacc**o**rdo (il), *désaccord*
disc**e**polo (il), *disciple*
disc**e**sa (la), *descente*
disciplin**a**to (-a), *discipliné*
disegnat**o**re (il), *dessinateur*
disered**a**re, *déshériter*
disidratazi**o**ne (la), *déshydratation*
disoccup**a**to (il), *chômeur*
disperazi**o**ne (la), *désespoir*
dispiac**e**re (il), *chagrin*
distr**a**tto (-a), *distrait*
distr**u**ggere, *détruire*
distruzi**o**ne (la), *destruction*
disturb**a**re, *déranger*
div**e**rso da…, *différent de*
divert**i**rsi, *s'amuser*
divi**e**to (il), *interdiction*
d**i**vo (-a), *vedette*
divor**a**re, *dévorer*
doc**e**nte (il), *enseignant*
dolor**i**no (il), *petite douleur*
dolor**o**so (-a), *douloureux*
d**o**po, *après*
droghi**e**re (il), *épicier*
d**u**ca (il) (plur. -chi), *duc*
du**e**llo (il), *duel*
d**u**nque, *donc*

ebr**a**ico (-a, plur. -ci, -che), *hébreu*
elenc**a**re, *faire la liste*
el**e**nco (l') (plur. -chi), *liste*
el**e**ttrico (-a, plur. -ci, -che), *électrique*
elezi**o**ne (l'), *élection*
em**e**rgere, *émerger*
emicr**a**nia (l'), *migraine*
entusi**a**mo (l'), *enthousiasme*
epp**u**re, *pourtant*

ered**i**tà (l'), *héritage*
er**i**gere, *élever*
er**o**e (l'), *héros*
eruzi**o**ne (l'), *éruption*
es**a**me (l'), *examen*
es**i**lio (l'), *exil*
es**o**rdio (l'), *début*
est**i**vo (-a), *estival*
estr**o**so (-a), *capricieux, original*
estrov**e**rso (-a), *extraverti*
et**e**rno (-a), *éternel*
ev**a**dere, *s'évader*

facc**e**nda (la), *affaire*
f**a**ccia (la), *visage*
in f**a**ccia, *en face*
falegn**a**me (il), *menuisier*
fam**i**glia (la), *famille*
fantasi**o**so, *plein de fantaisie*
fare ala, *faire la haie*
fare aff**a**ri, *faire des affaires*
fare il b**a**gno, *prendre un bain*
fare c**o**modo, *convenir*
fare la f**i**la, *faire la queue*
fare f**i**nta, *faire semblant*
fare mer**e**nda, *prendre le goûter*
fare rifer**i**mento, *faire référence*
farmac**i**sta (il), *pharmacien*
farsi l**a**rgo, *se frayer un chemin*
a fat**i**ca, *avec peine*
fatic**a**re, *peiner*
fav**o**re (il), *faveur*
favor**e**vole, *favorable*
febbr**a**io, *février*
f**e**bbre (la), *fièvre*
f**e**de (la), *foi*
fedel**tà** (la), *fidélité*
felic**i**tà (la), *bonheur*
femm**i**nile, *féminin*
fen**i**ce, *phénicien*
fer**i**ta (la), *blessure*
fer**i**re, *blesser*
ferm**a**rsi, *s'arrêter*
ferm**e**zza (la), *fermeté*
f**e**rro (il), *fer*
fi**a**ba (la), *conte*
fiamm**i**fero (il), *allumette*
fi**a**nco (il) (plur. -chi), *côté*
fidanz**a**to (-a) (il), *fiancé*
f**i**bbia (la), *boucle*

ficcanaso (il, la), *fouinard*
ficcare, *fourrer*
fifone (-a), *trouillard*
filastrocca (la) (plur. -che),
   comptine
finché, *jusqu'à ce que*
fingere, *faire semblant*
fino a, *jusqu'à*
finora, *jusqu'alors*
firmare, *signer*
fioraio (il) (-a), *fleuriste*
fitto (-a), *fin*
focolare (il), *foyer*
folla (la), *foule*
foro (il), *forum*
fornaio (il), *boulanger*
forse, *peut-être*
frattura (la), *fracture*
freccia (la), *flèche, clignotant*
   (voiture)
frenare, *freiner*
di fronte a, *devant, en face*
frullatore (il), *mixeur*
frutto (il), *fruit*
frutta (la), *dessert*
a fucilate, *à coup de fusil*
fuggire, *fuir*
fumetto (il), *bande dessinée*
fungo (il) (plur. -ghi), *champignon*
a furia di, *à force de*
funzionare, *fonctionner*

gabbia (la), *cage*
gallina (la), *poule*
gamba (la), *jambe*
gambero (il), *écrevisse, homard*
gara (la), *course, compétition*
gas (il), *gaz*
gattino (il), *chaton*
gatto (il), *chat*
generoso (-a), *généreux*
generico (-a, plur. -ci, -che), *général*
genitori (i), *parents*
gestire, *gérer*
ghiaccio (il), *glace*
gennaio, *janvier*
giacca (la) (plur. -cche), *veste*
giaccone (il), *blouson*
giara (la), *jarre*
gioia (la), *joie*
gioiello (il), *bijou*
giostra (la), *joute, manège*

giocattolo (il), *jouet*
giocherellone (-e), *joueur*
giochi olimpici (i), *jeux olympiques*
giovanotto (il) (-a), *jeune*
girare, *tourner*
girare per, *parcourir*
giro (il), *tour*
gita (la), *randonnée*
giudice (il), *juge*
giugno, *juin*
giurare, *jurer*
gola (la), *gorge*
gonna (la), *jupe*
gonnellino (il), *jupette*
in grado di, *capable de*
gradino (il), *marche*
granturco (il) (plur. -chi), *maïs*
grazioso (-a), *charmant*
groppo (il), *noeud*
gruzzolo (il), *magot*
genere umano (il), *genre humain*
gentilezza (la), *gentillesse*
guadagnare, *gagner*
guaio (il), *ennui*
guasto (-a), *en panne*
guida (la), *guide*

hostess (la), *hôtesse de l'air*

ideato (-a), *créé*
identificare, *identifier*
imbarazzo (l'), *embarras*
imbarazzato (-a), *embarrassé*
imbattersi (in), *tomber (sur)*
imboscata (l'), *embuscade*
imbottito (-a), *rembourré, fourré*
immersione subacquea (l'), *plongée*
immerso (-a), *immergé*
imparare, *apprendre*
impazzire, *devenir fou*
impedire, *empêcher*
impegnativo (-a), *prenant*
impegno (l'), *engagement*
impianto (l'), *installation*
impiegato (l') (-a), *employé*

impiego (l') (plur. -ghi), *emploi*
impresa (l'), *entreprise, affaire*
incantare, *enchanter*
inchiesta (l'), *enquête*
incalzare, *poursuivre*
incidente (l'), *accident*
incontrarsi, *se rencontrer*
incontro (l'), *la rencontre*
incrocio (l'), *croisement, carrefour*
indaffarato (-a), *affairé*
indifferenza (l'), *indifférence*
indimenticabile, *inoubliable*
indizio (l'), *indice*
indossare, *porter (vêtement)*
indovinare, *deviner*
indubbiamente, *sans aucun doute*
indurito (-a), *endurci*
infatti, *en fait, en effet*
infine, *enfin, finalement*
influenza (l'), *grippe*
inghiottire, *avaler*
inoltre, *en outre*
innalzare, *élever*
innamorarsi, *tomber amoureux*
innamorato (-a), *amoureux*
innovare, *innover*
innumerevole, *innombrable*
inserzione (l'), *annonce*
insomma, *bref*
insostituibile, *irremplaçable*
intervista (l'), *interview*
intrattabile, *intraitable*
intrecciarsi, *s'entrecroiser*
introverso (-a), *introverti*
invasato (-a), *obsédé*
invasore (l'), *envahisseur*
invece, *au contraire*
invernale, *hivernal*
invidia (l'), *envie*
invìo (l'), *envoi*
isola (l'), *île*
isolamento (l'), *isolement*

lacrima (la), *larme*
laggiù, *là-bas*
lamentarsi, *se plaindre*
lampada (la), *lampe*
lancia (la), *lance*
lapillo (il), *caillou*
lasciare perdere, *laisser tomber*

Lexique italien–français

lasso di tempo (il), *laps de temps*
lava (la), *lave*
lavagnetta (la), *ardoise*
lavello (il), *évier*
lavorare, *travailler*
lavoro (il), *travail*
lealtà (la), *loyauté*
leccarsi i baffi, *se lécher les babines*
legame (il), *lien*
legare, *lier*
legato (-a), *lié*
legge (la), *loi*
leggenda (la), *légende*
legno (il), *bois*
leva (la), *service militaire, levier*
lieto fine (il), *fin heureuse*
limone (il), *citron, citronnier*
litigare, *se disputer*
litigio (il), *dispute*
logoro (-a), *usé*
lotta (la), *lutte*
luogo (il) (plur. -ghi), *lieu*
luglio, *juillet*
lungo (-a, plur. -ghi, -ghe), *long*
lupacchiotto (il), *louveteau*
lupo (il), *loup*

m **M**

macchina (la), *voiture*
magari, *peut-être*
magazzino (il), *magasin (réserve)*
maggio, *mai*
stragrande maggioranza (la), *très grande majorité*
maggiordomo (il), *majordome*
maglia (la), *tricot*
maglione (il), *pull*
maiale (il), *cochon*
mal di testa (il), *mal de tête*
malattìa (la), *maladie*
maledire, *maudire*
malvagio (-a), *méchant*
mancare, *manquer*
mandorla (la), *amande*
maniglia (la), *poignée*

marchio (il), *marque*
marciapiede (il), *trottoir*
mare (il), *mer*
marea (la), *marée*
maremoto (il), *raz-de-marée*
marinaio (il), *marin*
marzo, *mars*
maschera (la), *masque*
maschile (-e), *masculin*
maschilista (-a), *macho*
maschio, *mâle*
massaia (la), *ménagère*
matrigna (la), *belle-mère, marâtre*
matrimonio (il), *mariage*
maturità (la), *baccalauréat*
meccanico (il) (plur. -ci), *mécanicien*
medicina (la), *médicament*
medico (il) (plur. -ci), *médecin*
medie (le), *collège*
medioevo (il), *moyen-âge*
mela (la), *pomme*
mente (la), *esprit*
mentre, *tandis que (en même temps que)*
meraviglia (la), *merveille*
meraviglioso (-a), *merveilleux*
mercante (il), *marchand*
mercato (il), *marché*
mescolare, *mélanger*
mestiere (il), *métier*
mettere fuori le unghie, *sortir les griffes*
mettere a posto, *ranger, réparer*
mettere a punto, *mettre au point*
mezzanotte, *minuit*
mezz'ora (la), *demi-heure*
mica, *pas du tout*
micio / micino (il), *minou*
minacciare, *menacer*
misura (la), *taille*
mito (il), *mythe*
modo (il), *manière*
morbido (-a), *souple*
morbillo (il), *rougeole*
mormorare, *murmurer*
mosso (-a), *agité*
mostro (il), *monstre*
motorino (il), *scooter*
multa (la), *amende*
mura (le), *murailles*
muratore (il), *maçon*
muscolo (il), *muscle*
muso (il), *museau*
fare il muso, *faire la tête*

n **N**

nano (il), *nain*
narrare, *narrer, raconter*
nascondere, *cacher*
naso (il), *nez*
nastro (il), *ruban*
nave (la), *navire*
nebbione (il), *brouillard épais*
negozio (il), *magasin*
neonato (il), *nouveau-né*
nemico (il) (plur. -ci), *ennemi*
nessuno (-a), *personne*
niente, *rien*
nipote (il), *neveu, petit-fils*
nitido (-a), *net*
nobile (-e), *noble*
nomignolo (il), *surnom*
normanno (-a), *normand*
notizia (la), *nouvelle*
noto (-a), *connu*
nulla, *rien*
nuotare, *nager*
nutrire, *nourrir*
nuvolone (il), *gros nuage*

o **O**

obbedire, *obéir*
obbediente, *obéissant*
obbligatorio (-a), *obligatoire*
obbligo (l'), *obligation*
oca (l') (plur. -che), *oie*
occorre, *il faut*
odiare, *détester, haïr*
odio (l'), *haine*
oggi, *aujourd'hui*
oggigiorno, *aujourd'hui*
ognuno (-a), *chacun*
oltrepassare, *dépasser, doubler (une voiture)*
olio (l'), *huile*
ombrellone (l'), *parasol*
onda (l'), *vague, onde*
opera lirica (l') (plur. -che), *opéra*
opposto (-a), *opposé*
ora, *maintenant*
orario (l'), *horaire*
ordine (l'), *ordre*
orecchio (l'), *oreille*
orgoglio (l'), *orgueil*
orgoglioso (-a), *orgueilleux*
ormai, *désormais*

orticello (l'), *potager*
ospedale (l'), *hôpital*
ospitare, *accueillir*
osterìa (l'), *bistrot*
ostilità (l'), *hostilité*
ottenere, *obtenir*
ottica (l'), *optique*
ottimismo (l'), *optimisme*
ottimo (-a), *excellent*
ovunque, *partout*
ovviamente, *évidemment*

pacchetto (il), *paquet*
paesaggio (il), *paysage*
pacco (il) (plur. -chi), *paquet*
pagella (la), *carnet de notes*
paghetta (la), *argent de poche*
palazzo (il), *immeuble, palais*
palcoscenico (il) (plur. -ci), *scène*
paletta (la), *pelle*
pallacanestro (la), *basket*
pallamano (la), *handball*
pallido (-a), *pâle*
pallina (la), *balle*
palma (la), *palmier*
pannolino (il), *couche-culotte*
pantaloni (i), *pantalon*
parcheggiare, *garer*
parere (il), *avis*
pari, *égal*
parigino (-a), *parisien*
parolina (la), *mot gentil*
parrucchiera (la), *coiffeuse*
partenza (la), *départ*
passatempo (il), *passe-temps*
passo (il), *passage (géo.)*
pastiglia (la), *pastille*
pasto (il), *repas*
patente (la), *permis*
paterno (-a), *paternel*
patina (la), *patine*
pattinare, *patiner*
pattini (i), *patins*
patto (il), *pacte*
pattumiera (la), *poubelle*
pavone (il), *paon*
paziente (-e), *patient*
pazzesco (-a, plur. -chi, -che), *insensé*
pazzo (-a), *fou*
peccato!, *dommage !*

pecora (la), *mouton*
pelle (la), *peau*
pelliccia (la), *fourrure*
peggio, *pire*
penna (la), *stylo*
penisola (la), *péninsule*
pensieroso (-a), *pensif*
percentuale (la), *pourcentage*
perché, *parce que, pourquoi*
perciò, *par conséquent, donc*
percorrere, *parcourir*
percorso (il), *parcours*
perdere il treno, *manquer son train*
perdere d'occhio, *perdre de vue*
perdere il senno, *perdre son bon sens*
perfino / persino, *même*
pericolo (il), *danger*
periferìa (la), *banlieue*
permesso (il), *autorisation*
pesca subacquea (la), *pêche sous-marine*
pescare, *pêcher*
pescatore (il) *pêcheur*
pesce (il), *poisson*
pescespada (il), *espadon*
pesciolino rosso (il), *poisson rouge*
peso (il), *poids*
pezzo (il), *morceau*
piacere (il), *plaisir*
piangere, *pleurer*
in primo / secondo piano, *au premier / second plan*
pianoforte (il), *piano*
pianta (la), *plan, carte*
piantina (la), *plan, carte*
picchiare, *frapper*
pietà (la), *pitié*
pietrificato (-a), *pétrifié*
pioggia (la), *pluie*
poggiare, *poser*
poi, *puis*
poiché, *puisque, car*
polizìa (la), *police*
Pollicino, *Le Petit Poucet*
poltrona (la), *fauteuil*
polso (il), *pouls*
pomeriggio (il), *après-midi*
porcellino (il), *porcelet*
possedimento (il), *propriété*
possesso (il), *possession*
portone (il), *portail*
potente (-e), *puissant*
potenza (la), *puissance*
pranzo (il) *déjeuner*

prato (il), *pré*
di preciso, *précisément*
preciso (-a), *précis*
in preda a, *en proie à*
prediletto (-a), *préféré*
prediligere, *préférer*
premiare, *récompenser*
preghiera (la), *prière*
premuroso (-a), *attentionné*
prendere in giro, *se moquer*
prendere la scossa, *prendre une décharge*
prevedere, *prévoir*
prezzo (il), *prix*
in prevalenza, *en priorité*
prima (di), *avant*
principiante (-e), *débutant*
processo (il), *procès*
prode (-e), *preux*
progetto (il), *projet*
proiezione (la), *projection*
prodotto (il), *produit*
pronto (-a), *prêt*
pronto soccorso (il), *Urgences*
provare, *ressentir*
prossimo (-a), *prochain*
provare affetto per, *éprouver de l'affection pour*
pulcino (il), *poussin*
pugnalare, *poignarder*
puntare, *pointer*
punteggiatura (la), *ponctuation*
punzecchiare, *taquiner*
pulire, *nettoyer*
pure, *aussi*
putroppo, *malheureusement*

quadro (il), *tableau*
quasi, *presque*
qui / qua, *ici*

racchetta (la), *raquette*
raccogliere, *recueillir, ramasser*
radiografia (la), *radio*
raffigurato (-a), *représenté*
raffreddore (il), *rhume*
ragazza (la), *jeune fille*
ragazzo, (-a), *jeune garçon,*

Lexique italien–français

raggiungere, *atteindre*
ragioniere (il), *comptable*
ragno (il), *araignée*
rana (la), *grenouille*
ravanello (il), *radis*
recarsi, *se rendre*
recitare, *jouer (un rôle)*
reddito (il) *revenu*
regalo (il), *cadeau*
reggere, *soutenir, maintenir*
regio (-a), *royal*
registrato (-a), *enregistré*
regnare, *régner*
regno (il), *royaume*
respirare, *respirer*
rete (la), *réseau*
restituire, *restituer*
riabilitato (-a), *réhabilité*
ribadire, *répliquer*
ricchezza (la), *richesse*
riconoscere, *reconnaître*
richiesta (la), *demande*
ricoverare, *hospitaliser*
riempire, *remplir*
rifare il letto, *faire son lit*
rifiutare, *refuser*
riga (la), *ligne*
rilassante (-e), *relaxant*
rimandare, *renvoyer*
rimanere, *rester*
rinascimentale (-e), *de la Renaissance*
Rinascimento (il), *Renaissance*
rincorrere, *poursuivre*
riordinare, *remettre en ordre*
risalire a, *remonter à*
rischiare, *risquer*
risparmiare, *économiser*
risposta (la), *réponse*
risveglio (il), *réveil*
ritratto -il), *portrait*
rivista (la), *revue*
rivelare, *révéler*
rivolgersi, *s'adresser*
roba (la), *affaires*
romano (-a), *romain*
rotondo (-a), *rond*
rumorosamente, *bruyamment*
rompere, *casser*
rovinare, *abimer*
rubinetto (il), *robinet*

sabbia (la), *sable*
un sacco di, *plein de*
saggio (-a), *sage*
salire, *monter*
in salita, *en montée*
salume (il), *charcuterie*
salute (la), *santé*
salvare, *sauver*
salvadanaio (il), *tire-lire*
sanzione (la), *sanction*
sapienza (la), *savoir*
saraceno (-a), *sarrazin*
sardo (-a), *sarde*
sbadato (-a), *étourdi*
sbagliare, *se tromper*
sbagliato (-a), *faux*
sbarcato (-a), *débarqué*
sbattere contro, *heurter*
sbilanciamento (lo), *déséquilibre*
sbrigarsi, *se dépêcher*
scacchi (gli), *échecs (jeu)*
scadente, *de qualité inférieure*
scalino (lo), *marche*
scale (le), *escalier*
scambiare, *échanger*
scambio (lo), *échange*
scappare, *fuir*
scarico (lo) (plur. -chi), *déchargement*
scarpa (la), *chaussure*
scattare la foto, *prendre la photo*
scavato (-a), *creusé*
scavi (gli), *fouilles*
scegliere, *choisir*
scelta (la), *choix*
schedina (la), *fiche, grille*
scheggia (la), *éclat*
scherzare, *plaisanter*
schiacciare, *écraser*
schienale (lo), *dossier*
sciatto (-a), *négligé*
scienziato (lo), *scientifique*
scimmia (la), *singe*
sciogliere, *dissoudre, dénouer*
scioglimento (lo), *dénouement*
sciopero (lo), *grève*
sciroppo (lo), *sirop*
scoglio (lo), *récif*
scoiattolo (lo), *écureuil*
scolarizzato (-a), *scolarisé*
scopare, *balayer*
scoperta (la), *découverte*
scopo (lo), *but*
scoprire, *découvrir*
sconfitta (la), *défaite*

scontrare, *heurter*
sconsigliare, *déconseiller*
scontro (lo), *heurt*
sconvolto (-a), *bouleversé*
scoppiare, *éclater*
    scoppiare a ridere, *éclater de rire*
scorgersi, *s'apercevoir*
scoria (la), *scorie*
scorretto (-a), *incorrect*
scorso (-a), *passé*
scortese (-e), *impoli*
scorticato (-a), *décortiqué*
scottarsi, *se brûler*
scritta (la), *inscription*
scuderìa (la), *écurie (Formule Un)*
scudo (lo), *bouclier*
scusarsi, *s'excuser*
sdraiarsi, *s'allonger*
se, *si*
seccare, *sécher, ennuyer*
secchione (il), *bûcheur*
sede (la), *siège*
sedersi, *s'asseoir*
    seduto (-a), *assis*
segreto (-a), *secret*
seguire, *suivre*
selciato (-a), *pavé*
seminare, *semer*
senz'altro, *sans aucun doute*
sepolto (-a), *enseveli*
serata (la), *soirée*
serio (-a), *sérieux*
    sul serio, *sérieusement*
servo (il), *serviteur*
sfamarsi, *se rassasier*
sfida (la), *défi*
sfidare, *défier*
sfinito (-a), *épuisé*
sfortuna (la), *malchance*
sforzo (lo), *effort*
sfrontato (-a), *effronté*
sfruttato (-a), *exploité*
sfumato (-a), *estompé*
sghignazzare, *ricaner*
sgobbare, *bûcher, trimer*
sgranchire, *dégourdir*
sicario (il), *tueur à gages*
sicché, *de sorte que*
siccome, *comme, puisque*
sicuro (-a), *sûr*
simboleggiare, *symboliser*
simile a, *semblable à*
sincero (-a), *sincère*
sintomo (il), *symptôme*
sistemare, *arranger, organiser*

sociévole (-e), *sociable*
socio (il), *associé*
al sodo, *au fait*
soffiarsi il naso, *se moucher le nez*
a soffietto, *à soufflet*
sognare, *rêver*
sogno (il), *rêve*
soldo (il), *sou*
sollievo (il), *soulagement*
tutto sommato, *tout compte fait*
soppiantare, *supplanter*
soprattutto, *surtout*
sopravvivere, *survivre*
sordo (-a), *sourd*
sorgente (la), *source*
sorpassare, *dépasser*
sorpasso (il), *dépassement*
sorridere, *sourire*
sorriso (il), *sourire*
sospirone (il), *gros soupir*
sosta (la), *stationnement*
sostantivo (il), *substantif*
sostituire, *substituer*
sostituito (-a), *substitué*
sottofondo (il), *arrière-plan*
sottolineare, *souligner*
sovraccaricare, *surcharger*
sovrano (il), *souverain*
smarrimento (lo), *perte*
smarrirsi, *se troubler*
smettere, *arrêter*
spaccarsi, *se diviser*
spada (la), *épée*
spago (lo), *ficelle*
spalancare, *ouvrir tout grand*
spalla (la), *épaule*
spaventarsi, *s'effrayer*
spazio (lo), *espace*
specchio (lo), *miroir*
spedizione (la), *expédition*
spegnere, *éteindre*
spendere, *dépenser*
spensierato (-a), *insouciant*
sperimentare, *expérimenter*
spesso, *souvent*
spiaggia (la), *plage*
spiegare, *expliquer*
spingere, *pousser*
spina (la), *prise*
spinta (la), *poussée*
spirito (lo), *esprit*
spiritoso (-a), *spirituel*
splendente, *resplendissant*
spolpato (-a), *décharné*
sponda (la), *rive*
spontaneo (-a), *spontanée*

sportivo (-a), *sportif*
sposare, *épouser*
spostato (-a), *déplacé*
sprezzo (lo), *mépris*
spropositare, *délirer*
spugna (la), *éponge*
spunto (lo), *occasion*
squadra (la), *équipe*
squillante, *perçant*
squillare, *sonner*
staccare, *détacher*
stagione (la), *saison*
stancarsi, *se fatiguer*
stanco (-a, plur. -chi, -che), *fatigué*
stanza (la), *pièce, chambre*
stare attento, *faire attention*
stare in piedi, *se tenir debout*
stare sulle spine, *être sur des*
    charbons ardents
starnutire, *éternuer*
stasera, *ce soir*
stemma (lo), *blason*
stendere, *étendre, rédiger*
stesso (-a), *même*
stimare, *estimer*
stipendio (lo), *salaire*
stoffa (la), *étoffe*
storico (-a, (plur. -ci, -che),
    historique
strada (la), *rue*
straniero (-a), *étranger*
strega (la), *sorcière*
stretto (lo), *détroit*
strizzàta d'occhio (la), *clin d'oeil*
strumento (lo), *instrument*
studente (lo) (-essa), *étudiant*
studio (lo), *étude*
stupendo (-a), *superbe*
stuzzicare, *taquiner*
succedere, *se passer*
successo (il), *succès*
sughero (il), *liège*
suonare, *jouer (d'un instrument)*
supplente (il), *remplaçant*
supporre, *supposer*
suvvìa! *allons!*
svagarsi, *se distraire*
svago (lo) (plur. -ghi), *distraction*
sveglia (la), *réveil*
svelto (-a), *rapide, agile*
sviluppare, *développer*
svolgersi, *se dérouler*
svolgimento (lo), *déroulement*

tabella (la), *tableau*
tacco (il) (plur. -chi), *talon*
taccuino (il), *carnet*
taciturno (-a), *taciturne*
taglia (la), *taille (vêtement)*
tagliare, *couper*
taglio (il), *coupe*
talmente, *tellement*
talpa (la), *taupe*
targa (la) (plur. -ghe), *plaque*
    (d'immatriculation)
tartaruga (la) (plur. -ghe), *tortue*
tata (la), *nounou*
tazzina (la), *tasse*
tedesco (-a, plur. -ci, -che),
    allemand
telefonata (la), *coup de téléphone*
telefonino (il), *téléphone portable*
telegiornale (il), *journal télévisé*
temere, *craindre*
tempesta di neve (la), *tempête*
    de neige
tenere il broncio, *bouder*
termine (il), *délai*
teso (-a), *tendu*
tessera (la), *carte*
tessile (il), *textile*
testimonianza (la), *témoignage*
terremoto (il), *tremblement de terre*
timore (il), *crainte*
tirare fuori, *sortir*
toccare, *toucher*
toga (la) (plur. -ghe), *toge*
togliere, *enlever*
tonno (il), *thon*
topo (il), *souris*
tornare, *rentrer*
torneo (il), *tournoi*
tornado (il), *tornade*
tosse (la), *toux*
tossico (-a, plur. -ci, -che) *toxique*
tossire, *tousser*
traccia (la), *trace*
tracciato (il), *tracé*
traffico (il) (plur. -ci), *circulation*
traforo(il), *tunnel*
traghetto (il), *ferry-boat*
trasalire, *sursauter*
trascorrere, *passer*
trasferimento (il), *mutation*
trasferire, *transférer, muter*
traslocare, *déménager*
trasmesso (-a), *transmis*
trasporti urbani (i), *transports*
    urbains
trasudare, *suinter*

Lexique italien–français

tratto (il), *trait*
travestirsi (da), *se déguiser (en)*
tristezza (la), *tristesse*
truppa (la), *troupe*
tuffarsi, *plonger*
turbante (il), *turban*
tuta (la), *survêtement*
tutti (-e) e due, *tous les deux*

ubbidiente (-e), *obéissant*
uccellino (l'), *oisillon*
uccello (l'), *oiseau*
udire, *entendre*
uffa!, *la barbe !*
ufficio (l'), *bureau*
uguale a…, *égal à*
uovo (l') (plur. -a), *œuf*
urlare, *hurler*
uragano (l'), *ouragan*
urtare, *heurter*
uscita (l'), *sortie*
uva (l'), *raisin*

vacanza studio (la), *séjour linguistique*
vagare, *errer*
valoroso (-a), *valeureux*
vantaggio (il), *l'avantage*
varcare, *franchir*
varicella (la), *varicelle*
vasca (la), *baignoire*
vecchierello (-a), *petit vieux*
vecchio (-a), *vieux*
non vedere l'ora di, *avoir hâte de*
velluto (il), *velours*
veleno (il), *poison*
veloce (-e), *rapide*
velocemente, *rapidement*
velocità (la), *vitesse*
vendicare, *venger*
veneto (-a), *vénitien*
verdura (la), *légume*
veronese (-e), *véronais*
vertigine (la), *vertige*
vestirsi, *s'habiller*
vestito (-a), *habillé*
via (la), *voie, rue*
vicolo (il), *ruelle*
vietato (-a), *interdit (de)*
vigilia (la), *veille*
vigile del fuoco (il), *pompier*
violino (il), *violon*
visitare, *visiter*

visto che, *vu que*
vite (la), *vigne*
vittima (la), *victime*
vitto (il), *nourriture*
vittoria (la), *victoire*
volantino (il), *prospectus*
volere: ci vuole / ci vogliono, *il faut*
volere bene a, *bien aimer (qqn)*
volo (il), *vol*
volpe (la), *renard*
volta (la), *fois*
a sua volta, *à son tour*
vomitare, *vomir*
votare, *voter*
voto (il), *vote*
vulcano (il), *volcan*
a vuoto, *à vide*

zainetto (lo), *sac à dos, cartable*
zaino (lo), *sac à dos, cartable*
zampa (la), *patte*
zanna (la), *défense (d'éléphant)*
zappa (la), *pioche*
zeta (la), *Z*
zolfo (lo), *soufre*
zucchero (lo), *sucre*

Index

(Personnages, lieux, auteurs et éléments de civilisation cités)

Crédits textes

p. 18 © RCS Quotidiani SpA, settembre 2005 **p. 19** © Sanofi-vantis OTC SpA **p. 32** © Gruppo Editoriale L'Espresso SpA, 17 giugno 2004 **p. 33** © www.torino2006.org **p. 47** © Gruppo Editoriale L'Espresso SpA, 8 settembre 2005 **p. 56** Gianni Rodari, *C'era due volteil bnarone Lamberto* © Giulio Einaudi editore SpA, 1978 **p. 67** Alice Sturiale, *Il libro di Alice* © RCS Libri & Grandi Opere SpA, Milano, 1997 **p. 84** Barbara Palombelli, *C'era una ragazza* © Arnoldo Mondadori Editore SpA, 1999 **p. 95** Giuseppe Culicchia © La Stampa, 28 settembre 2005 **p. 98** Giuseppe Culicchia, *Paso Doble* © Garzanti Editore SpA, 1995 **p. 103** et **p. 131** Saverio Strati, *Miti, racconti e leggende di Calabria* © Gangemi Editore 1985 **p. 122** Stefano Benni, *L'ultima lacrima* © Giangiacomo Feltrinelli Editore, Milano, 1994 **p. 124** Carlo Castellaneta, *Rapporti Confidenziali* © Arnoldo Mondadori Editore SpA, Milano, 1989 **p. 125** Giuseppe Caliceta e Giulio Mozzi, *Quello che ho da dirvi* © Giulio Einaudi editore SpA, 1998 **p. 142-144** Gianni Rodari, *Il libro degli errori* © Einaudi Ragazzi / Edizione EL Srl, Trieste **p. 164-165** Italo Calvino, *Fiabe italiane*, 1956 © Mondadori Editore, 1991 **p. 169-175** silver, *Lupo Alberto, Novelas* © Silver/MCK/RCS Rizzoli Libri SpA.

Crédits photographies/documents

Couverture Siena © Javier Larrea/Age Fotostock **p. 15-19** L'Arena, Siena © Bo Zaunders/Corbis **p. 17, 1.** Asiago © Cuboimages/Leemage – formaggio – Asiago © Cuboimages/Leemage – **2.** Chioggia © Charles Philip Cangialosi/Corbis – **3.** Cappella degli Scrovegni, Padova © Archivio Iconografico, S.A./Corbis – **4.** Piazza San Marco, Venezia © Doug Scott/Marka/Hoa-Qui – **5.** Vicenza © Wojtek Buss/Age Fotostock/Hoa-Qui – **6.** Casa di Giulietta, Verona © Borredon Thierry/Hachette photos – **7.** Sirmione © David Ball/Corbis **p. 18** Tocati, sett. 05, Verona © Festival dei Giochi di strada / Associazione giochi antichi di Verona (per gentile concessione) **p. 19** Piazza delle Erbe, Verona © Jon Hicks/Corbis **p. 27** pagella di Davide Morolla **p. 29** © Museo Mille Miglia (per gentile concessione) **p. 33** **haut** Piazza Castello, Torino © Bob Sacha/Corbis – **bas** Mole Antonelliana, Torino © Harald Jahn/Corbis **p. 45** il Patentino © ANCMA (per gentile concessione) **p. 47** Armani © Schwartzwald Lawrence/Corbis Sygma **p. 58** © L'Espresso **p. 59** © Servizio Sanitario della Toscana/Regione Toscana **p. 71, 1.** Napoli © J. Raga/Zefa/Corbis – **2.** Firenze © Bill Ross/Corbis – **3.** Genova © Bruno Morandi/Hachette photos – **4.** Milano © Leemage **p. 73, 1.** © Christian Vaisse/Hachette photos – **2.** Porta Nuova, 1583 © Jacques Brun/Hachette photos – **3.** © Doug Scott/Hachette photos **p. 75 haut 1.** © Patrick Frilet/Monde/Hémisphères Images – **2.** Tusa © Sylvain Grandadam/Hachette photos – **3.** Etna © Jose Fuste Raga/Corbis – **4.** © Sandro Vannini/Corbis – **5.** Tempio della Concordia, Agrigento © Gianni Dagli Orti/Corbis – **bas 1.** © Royalty free/Corbis – **2.** © M. Möllenberg/Zefa/Corbis – **3.** JLP/Jose Luis Pelaez/Zefa/Corbis – **4.** © George Shelley/Corbis **p. 87** © L'Espresso (elaborazione di Antonella Di Girolamo/Sintesi e Granata Press) **p. 95** © Altan/L'Espresso **p. 99** © Ferrovie Statali/Metrotipo SpA **p. 101** © AMIU Genova SpA (per gentile concessione) **p. 111 haut gauche** © Farabola/Leemage – **haut droite** © Hervé Champollion/Top/Hachette photos – **bas** © Christian Vaisse/Hachette photos **p. 113 gauche** © Royalty free/Corbis – **droite** © Getty images **p. 114** © Alitalia **p. 115** © AwakeB (per gentile concessione) **p. 116-117** © Ticino/Regione Ticino **p. 127** © Costa/Leemage **p. 128-129** © Tre SpA **p. 137** Projet graphique Aloisi/Farabolafoto/Leemage **p. 138** Monte Bianco © Owen Franken/Corbis **p. 141 haut** © Seamas Culligan/ZUMA/Corbis – **centre** © Farabola/Leemage – **bas gauche** © Roger Ressmeyer/Corbis – **bas droite** © Electa/Leemage **p. 142** illustration de F. Fabbri pour l'*Odyssée*, Homère, 1939 © Costa/Leemage **p. 144 haut** © Vittoriano Rastelli/Corbis – **bas** © Cuboimages/Leemage **p. 145** © Leonard de Selva/Corbis **p. 150 gauche haut** © Keystone France/Hachette photos – **gauche bas** © akg-images – **droite** © Keystone France/Hachette photos **p. 151** © Electa/Leemage **p. 152** Silvestro Lega © The Art archive/Palais public/Dagli Orti **p. 153 haut** Fresque du XIXᵉ, rencontre de Teano entre Garibaldi et Victor-Emmanuel II, le 26 octobre 1860 © The Art archive/Palais public/Dagli Orti **p. 154 haut** Gravure de 1833 © Heritage Images/Leemage – **bas gauche** © Costa/Leemage – **bas droite** – La pile de Volta © Costa/Leemage **p. 155 haut** Gravure d'Achille Beltrame © The Art archive/Domenica del Corriere/Dagli Orti – **milieu** © Kevin Fleming/Corbis – **bas** © Effigie/Leemage **p. 156, 1.** © David Ball/Corbis – **2.** © Andrew Brown ; Ecoscene/Corbis – **3.** © RuggeroVanni/Corbis – **4.** © Roger Wood/Corbis – **5.** © Royalty free/Corbis **p. 157, 1.** © Macduff Everton/Corbis – **2.** © Philippe Giraud/Corbis Sygma – **3.** © Yann Arthus-Bertrand/Corbis – **4.** © Sandro Vannini/Corbis **p. 158-159** © Erich Lessing/akg-Images.

Achevé d'imprimer par Cayfosa
Dépôt légal: Juin 2012
Collection 95-édition 06
12/5448/1